Hans-Peter Wannewitz

Neues Treibgut

Geschichten, Glossen, Gedichte, Essays
und eine vorsichtige Annäherung an Gott

Hans-Peter Wannewitz

Neues Treibgut

*Geschichten, Glossen,
Gedichte, Essays
und eine vorsichtige
Annäherung an Gott*

Mit Abbildungen

Rediroma-Verlag

Bibliografische Information der Deutschen Nationalbibliothek:
Die Deutsche Nationalbibliothek verzeichnet diese Publikation in der Deutschen Nationalbibliografie; detaillierte bibliografische Daten sind im Internet über http://portal.dnb.de abrufbar.

ISBN 978-3-98885-266-3

www.rediroma-verlag.de
11,95 Euro (D)

Inhalt

Einleitung ... 8

1. Der irre Duft von 9 Millimetern ... 10

In der Uckermark ... 12

2. Von HO und Konsum zum jüngsten Gericht: ... 13

Gute Nacht! ... 21

3. Die Krux mit den Sonnenbrillen ... 22

4. Rede an junge Menschen an der Schwelle zum Erwachsensein ... 24

Der letzte Schrei ... 32

5. Ach wie niedlich! ... 33

6. Kindermund von Max und (geboren am 11. Juni 1991) und Maja ... 35

7. Legendär: Die Dreiecksbadehose ... 37

Herbstlied ... 39

8. NEUE LOSUNGEN ZUM 1. MAI ... 40

9. Werbung als übel riechender Fetisch der Marktwirtschaft ... 41

10. Diese fiesen kleinen Dinger ... 47

11. Der „schönste“ Druckfehler der DDR-Geschichte ... 49

Einer mäht immer ... 51

12. Hilfe, ich werde alt! ... 52

13. Schüttelreime ... 59

14. Zwischen Stimmungsmusik und Klang – nicht nur Kinder können hören lernen ... 60

Früh im Holz ... 64

15. Toast und Ei und Tee und Brei ... 65

16. Warum wir ein Nichts in Raum und Zeit sind 67
One time 74
17. Der Lokus im Fokus: Es läuft und läuft und läuft...... 75
Anleihe an C.M. 79
18. Eine *Zurecht*rückung des ominösen „Rechts“ 81
19. Der Wahn der Rechtwinkligkeit: Zu viel Ordnung ist auch nicht in Ordnung 85
Der Dschungel-Blues 89
20. Die großartige Welt der Steine: Seiffen, Koserow und Michel 90
21. Als Helmut und Hans-Peter Max und Moritz waren.. 94
22. Exposé eines Abenteuerromans 98
Luna, Laura, Mona und Grit.. 100
23. Redaktionssplitter – Interessantes aus dem journalistischen Alltag 101
24. Schachtelsatz von einem Erlebnis vor langer Zeit ... 106
25. Jede Menge Rost an der Post..................................... 107
26. Galgenhumor: Wie manche Zeitgenossen von uns gingen 110
27. Synchronizität – die wundersame Gleichzeitigkeit gleichartiger Ereignisse 111
28. Adam und Eva und der Appel 116
29. Saftiges Steak oder saftiges Fallobst? 118
30. Kindheitssplitter: Als zwei vom Rad gefallene Damen spektakelten 120
31. Plakative Merkwürdigkeiten der 16 deutschen Bundesländer 126
32. Zwischen Fachchinesisch und wokem Gendern 132

33. Das Geheimnis von Lenja und Josi 137
34. Fußball: Vom Abklopfen lehmiger Stollen am Pfosten 139
35. Eine vorsichtige Annäherung an Gott 144
36. MEINE FAVORITEN... 156
37. Neues Alphabet... 168

Einleitung

Mein erstes Büchlein „Treibgut 5307194“ war im Herbst 2023 erschienen. Manche Druckfehler und gelegentliche stilistische Unschärfen waren bedauerlich, aber unter dem Strich hinnehmbar: Nicht zuletzt wegen der beachtlichen Resonanz, die das Druckerzeugnis erfuhr. Für diese danke ich hier.

Mit dem vorliegenden Buch setze ich die Umsetzung meines Anliegens fort, mögliche Leserinnen und Leser augenzwinkernd zu unterhalten, zu informieren und zum Nachdenken anregen zu wollen. Es versteht sich als gewisser „Nachschlag“, den man nachschlagen kann. Wie beim ersten Mal versuche ich, ein wenig über den Tellerrand zu schauen und mit dem Buch nicht nur für meine Nächsten, Freunde und Bekannten, sondern vielleicht auch für einen größeren Leserkreis interessant zu sein. So ziehen sich zum Beispiel mancher Humor, die eine oder andere Übertreibung, gezielte Fingerzeige oder auch Gesellschaftskritik durch einzelne Kapitel.

Da fällt mir so mitten in der Einleitung etwas stilbrechend ein, dass mich zum Beispiel schon immer gestört hat, wenn es bei Zusammenkünften von Menschen meistens nur ans Ausgemachte und kaum je ans Eingemachte geht. Lockere Frühstücksrunden, Familienfeiern, Partys, Kaffeekränzchen, harmoniesüchtige Zwiegespräche, Oktoberfeste – immer das Gleiche. Gemütliches Herumherzen, echtes oder gedrechseltes Lachen, sympathisch belanglose Geschichtchen, vorsichtige Eitelkeiten zur Wahrung des Egos, das Pflegen der eigenen Blase, schließlich gehobene Langeweile. Oder „Spiele“.

Aber ich möchte mich darüber überhaupt nicht lustig machen. Denn ich bin ja aktiver Teil dessen und vielleicht muss das alles auch so sein, denn wertvolle Sozialkontakte will sich zurecht niemand vermiesen lassen. Außerdem ist es entspannend und scheint sinnvoll, nach dem Tagesstress die gezielte Fröhlichkeit oder hinzunehmende Belanglosigkeit walten zu lassen. Manchmal sicher auch etwas mehr.

Mich hat das alles jedoch immer etwas „angetickert“, wie man heute sagt. Mir reichte das im Grunde einfach nicht aus. Ich machte immer gute Miene zu nichtbösem Spiel. Ich sah aber verpasste Chancen. „I can´t get no satisfaction“, wenn es die

Rolling Stones auch etwas anders meinten. „Na, dann hättest Du es doch gemacht!" Man wird jetzt einwenden - dass ich hätte einwenden sollen. Schreibt man das heute eigentlich mit ä, weil es von Einwand kommt?

In der Aufforderung liegt jedenfalls ein Stück Wahrheit, aber ich entgegne: „Was hätte es gebracht?" Ich hätte schlechte Laune verbreitet, die Stimmung und den Abend versaut. Vielleicht fehlte mir auch Mut und Charisma, solche fetten Runden selbstbewusst zu verwässern, oder eben wässrige Runden zu verfetten. Oder zu durchlöchern. Knallhart zu unterbrechen. Wie man will. Lauten Menschen gelingt dies in Ausnahmefällen.

Aber laute Menschen? Was sind DAS denn eigentlich für Wichtigtuer und Leute, die sich um den eigenen Bauchnabel drehen? Okay, manchmal neige ich allerdings auch dazu. Stichwort geistige Inkontinenz. Da schließt sich der Teufelskreis des richtigen Verhaltens bei Sozialkontakten. Aus dem ich hiermit wieder ausbreche:

Was ich sagen will, ist nämlich: Ich sehne mich nach der Rückkehr zu einer Ernsthaftigkeit, die sehr wohl freundlich als auch humorvoll und etwas tiefer schürfend sein kann. Auch deshalb dieser folgende, manchmal überengagierte Auswurf in Buchform, der einen Einwurf darstellen möchte. Einen Einwurf ins Spiel des täglichen Lebens. Ins Spiel der Gedanken, der Gespräche, der Gewohnheiten und Gepflogenheiten. In diesem Sinne:

Klatsche dir niemals die Schenkel.
Wärme dir lieber die Knie.
Entsage jedem Geplänkel.
Und fröne der Fantasie.

Wie immer gilt: Die Texte sind absichtsvoll ungeordnet, damit man nur irgendwo aufschlagen und loslesen kann. Der ungestüm wechselnde Charakter der Texte birgt somit vielleicht kleine Überraschungseffekte. Es suche auch in diesem Buch niemand nach seinem Namen, denn so ist es nicht angelegt. Wie lieb und nah mir jemand ist, das wird auf anderer Bühne verhandelt.

Der Autor

1. Der irre Duft von 9 Millimetern

Deutschland ist das Land mit sowohl den meisten als auch den besten Brotsorten der ganzen Welt. Um mal nicht immerzu zu meckern. Der irre Duft von frischem Brot ist bei uns zu Hause. Großporig, gut durchgebacken, dunkle Kruste. Wenn man Glück hat. So weit, so gut. Aber der Brotbeutel erlebt Abenteuer. Denn jetzt kommt es: Die bedeutendste Frage aller Fragen, die den inneren Schweinehund beim eigentlichen Broterwerb herausfordert, ist trotz alledem die immer wiederkehrende Frage der Bäckersfrau bzw. Verkäuferin am Backstand: „Geschnitten?" Oder manchmal auch etwas höflicher: „Soll ich es gleich schneiden?"

Also zugegeben, ich gehöre zu jenen unentschlossenen Kunden, die immer erst gefragt werden wollen. Und nicht von vorn herein gewohnheitsmäßig „Auf acht Millimeter" oder „So wie´s ist" bzw. „Ungeschnitten" sagen wollen. Wobei ich Acht-Millimeter-Kundinnen sowieso nicht verstehe, denn da stochert man die Butter ja gleich bis auf den Tellerboden durch. Also, lieber eine 8-Millimeter- Magnum als eine 8-mm-Brotscheibe. Der Duft aus der Mündung kann dem Duft von Brot sehr nahe kommen, zumindest dem der Großbäckereien, auf die ich später noch zu sprechen komme.

Jedenfalls lasse ich die Grundfrage von Frau „Bäcker" jedes Mal erst tief in mein Gewissen eindringen, obwohl mein Zögern weder bei den hinter mir in der Schlange Stehenden noch bei der Verkäuferin zur guten Laune beiträgt. Was mache ich nur, frage ich mich: Vielleicht doch wie Papa früher das Brot kurzerhand selbst vor den Strickpulloverbauch nehmen oder es zumindest auf den Küchentisch legen und aufschneiden – in verschieden starke Scheiben zwar, aber dafür jede als romantisches Kunstwerk kraft eigener Brotsuppe? Auch wenn es manche Familienmitglieder dann mit „Das sind ja Rungsen..." stirnrunzelnd kommentieren...

Oder eben doch die bequemere Variante, schöne gleichmäßige Schnitten nach Hause zu bringen und sie der Familie fast mühelos fächerartig im mit weißer Stoffserviette ausgeschlagenen Brotkörbchen servieren? Ich muss zugeben, immer wieder siegt dieser innere Schweinehund mit seiner pragmatischen Fantasielosigkeit, auch wenn ich später feststelle, dass meine bestellten neun Millimeter sich in Wahrheit als sieben oder elf Millimeter herausstellen.

Im Zeitalter von KI und Marsflügen gibt es übrigens immer noch Backstände von gewissen Bäckereibetrieben vom vermeintlichen „Lande“, die manuelle Brotmaschinen mit einer alten Leierkurbel von den armen Verkäuferinnen bedienen lassen. Man glaubt es kaum. Hier schlägt falsche Nostalgie schon wieder in echte Sympathie beim geneigten Kunden um.

Aber meine Gewissensbisse angesichts dieses gar nicht schneidigen Themas nehmen immerhin trotzdem zu. So nach dem Motto: Selbst ist der Mann – selbst isst der Mann. Vielleicht sollte ich darüber noch einmal nachdenken. Aber nicht als derjenige in der Schlange, der gerade dran ist. Na immerhin tröstet mich Brecht: Der Mensch lebt nicht vom Brot allein.
Guten Appetit!

In der Uckermark

Wenn ein Teichrohrsänger singt,
so sein Weibchen leicht beschwingt,
wenn zwei Schimmel zaghaft wiehern,
mit den Schnuten sich berühren...

Wenn drei Störche langsam schreiten,
deinen scheuen Blick begleiten,
dann vier Rehe jäh entfliehen
und in tiefre Gründe ziehen...

Wenn fünf End-Maränen zappeln
unter Fischers Uferpappeln,
sechs Libellen blau – rot – grün
zickzack schwirr vorüberziehn...

Sieben wutentbrannte Mücken
dich dann kaum vollends entzücken:
Dann bestricht dich die Bekanntschaft
mit der Uckermärker Landschaft.

2. Von HO und Konsum zum jüngsten Gericht:

Prost Mahlzeit, McDeutschland!

Es ist hier nicht das roastbeefrosa Gemälde einer kulinarischen DDR an die Wand zu malen, welche mit ihren Mauersteinen 1989 nicht nur von Herzen gefallen war. Aber hatten wir Ostdeutschen keine Esskultur? Waren wir keine Feinschmecker? War Lukullus eine Unperson? Konnten wir kaum mit Messer und Gabel umgehen, wie von Castrop-Rauxel bis Fürstenfeldbruck mitunter gemutmaßt wurde? Eine kleine Betrachtung zwischen Frühstück und Gänsebraten:

Im Märchen von der Stadtmaus und der Landmaus lud die eine die andere nach einem eher enttäuschenden Landausflug zum vornehmen Mahle in ihren Stadtkeller ein. Die Feldmaus war begeistert und begann zu schmausen. Plötzlich kam jedoch die zweibeinige Hausherrin: Panische Flucht! Als wieder reine Luft war, wurde weitergetafelt. Doch ein jäher Besuch des Ehegatten unterbrach den Schmaus abermals: Wieder schnell und nervenzehrend abhauen. Als schließlich auch noch die auftauchende Katze den Genuss zunichte machte, verabschiedete sich die Landmaus schließlich: "Danke, aber lieber doch die frische Ackerluft als diese hektische Großstadt." Diese Maus war weise.

Gewissermaßen war Ostdeutschland nach der politischen Wende diese „Landluft“ und der Westen die „Großstadt“. Die Summe alles Geschmacklosen war allerdings schon immer und überall konstant. Die Zeiten haben sich deutschlandweit mittlerweile aber einen Hauch geändert. Hier wie drüben bietet die Ackerkrume nun mit Korn und Futter, Gemüse und Butter manches Gute, Feine und Gesunde vom Lande auch ohne die bunten Aufdrucke der zellophanierten Massenware. Soviel steht fest.

Wenn es auch Bio-Fakes und Greenwashing gibt, so setzt sich grüne und regionale Landwirtschaft doch – hoffentlich - immer mehr durch. Denn die kleinen Bauern arbeiten hart und sorgen für unser aller Essen, für unsere Lebensmittel. Aber Massentierhaltung und industrielle Monsterbetriebe produzieren Masse für Masse – das Gegenteil von Klasse. Wie hieß doch dieser zweifelhafte Fleischverarbeiter aus NRW?

Aber zurück zu deutsch-deutschen Essgewohnheiten und -befindlichkeiten. Uns Ostdeutschen und vielleicht auch manchem Westdeutschen schmeckt jedenfalls eine kleine Erinnerung nicht schlecht, wenn das Urteil auch nicht nur positiv ausfällt. Beileibe! Ich serviere hier einmal einen nicht ganz ernst gemeinten, viertelhistorischen Abgleich mit der Esskultur diesseits und jenseits des deutschen Buffets:

Das knusprige, angenehm kleine und feste Ostbrötchen - die 5-Pfennig-Schrippe also - mundete viel besser als der aufgeblasene Wattebausch des Westens. Der heute zwischen 50 Cent und einem Euro kostet. Ganz abgesehen davon, dass sich auf diese Luftkrume des marktwirtschaftlichen Monsterbrötchens nur solche Butter schmieren lässt, die der brave Ehemann schon eine halbe Stunde "vor dem Aufstehen" aus dem Kühlschrank genommen hat. Das Westbrötchen ist nach einem Tage erledigt und bereit für die Metamorphose zu Semmelbröseln. Aber für die Produkte der Großbäckereien "hama ja Rama" heute. Auch für´s Industriebrot mit Emulgatoren, Stabilisatoren und gelegentlichen „Extrakten aus Menschenhaar“, wie der SPIEGEL einmal schrieb. Ob das heute noch gilt, dürfen wir allerdings getrost dahingestellt sein lassen.

Die Gaumen-Wende 1990 bedeutete manch Gutes, aber auch: Nie wieder die monatelange Vorfreude auf "richtige" Tomaten, die diesen Namen noch verdienten. Geschnittenes Wasser aus Holland gibt's heute immer, auch Weihnachten. Nie wieder der typische Geschmack und Geruch von Obst und Gemüse, welche Fluidum und Charakter der jeweiligen Jahreszeit und Region mitprägten. Das Zeug kommt aus Spanien, Tunesien oder Neuseeland. Man wird buchstäblich veräppelt an der Obsttheke der Supermärkte. Stachelbeeren, gibts die eigentlich noch? Oder Rhabarber, schwarze Johannisbeeren, alte Apfelsorten wie den Grafensteiner?

Gut, die orangenen Strohsaftkugeln aus Kuba sind glücklicherweise Vergangenheit. Dafür gibt es nun jederzeit Apfelsinen, aber sie machen irgendwie die Vorfreude auf dieselben kaputt. Und Vorfreude ist und bleibt ja bekanntlich die schönste Freude. Das kulinarisch überüppige Angebot mündet heute jedenfalls in die große Langeweile der immerwährenden Verfügung von allem und jedem: Was der Mensch im Grunde aber gar nicht braucht. Schon Sokrates stellte vor mehr als 2000 Jahren verzweifelt fest: „Was es nicht alles gibt, das ich NICHT brauche.“ Überfluss wird zum Überdruss. Heute mehr als je zuvor.

Wo alles immer und überall verfügbar ist, ist nichts mehr besonders.

Die Vorfreude auf und Freude über Besonderes ist nahezu tot. Totgeworben und abgestorben. Es machte viel mehr Spaß, sich vor 1989 das zweifelhafte Vergnügen zu gönnen, einen Konsum oder die HO aufzusuchen, um das Beste aus dem Wenigen herauszuholen. Mit Witz und Gespür. Und seltsamerweise hat das Ergebnis nicht zwingend zu weniger Lebensqualität und Lebensfreude geführt. Die Leute haben individueller gekocht und das Essen sehr wohl gemocht. Genuss statt Gewohnheit.

Alles immer und jederzeit verfügbar zu haben wie heute, macht letztlich stumpfsinnig, unkreativ, macht faul, geschmacklos und stereotyp. Die Gleichschaltung heute hat eben nur ein anderes Gesicht als damals. Offene Lüge ist zur subtilen Halbwahrheit geworden: Denn die schrillbunte und unsäglich penetrante Werbung des Westens schafft Verbraucher, die diese Massenware mit zuviel Zucker und zahllosen Zusatzstoffen unkritisch konsumieren und in sich hinein essen, von löblichen Ausnahmen einmal abgesehen. Brot und dazu Spiele im ständigen Wechsel des freien Marktes.

Heute führt der angebetete Wettbewerb nicht zuletzt zu ungesunden Angeboten, die über den „großen Teich“ herüberschwappen. Ich zum Beispiel bin ein Burger, weil ich in der Stadt Burg geboren wurde. Aber die Fastfoodketten stellen Burger her, die fast so hochgebaut aussehen wie Salzwedeler Baumkuchen. Sie passen noch nicht mal in die Großklappen von Politikern, denn sie werden nicht so geschickt portioniert wie die Altmärker Spezialität. An einem Burger – also bitte nicht an mir! - abzubeißen bedeutet, dass einem das Ketchup von den Ohrläppchen träufelt und man aussieht wie ein Kleinkind, welches Spaghetti isst. Westliche Hochkultur. McEsskultur. Burger oder Wut-Burger, das ist hier die Frage. „Die Art, wie wir leben“ eben, wie es Angela Merkel einmal ausdrückte.

Dabei ist natürlich Verpackung alles, Inhalt nichts. Wissen Sie, warum uns die täglich „neu“ erfundenen Produkte der Konzerne von ihren weltweiten Ketten geliefert werden? Weil diese uns in Ketten legen sollen. Unfähig machen sollen, gegen den ungesunden und zumeist unnötigen Massenkonsum aufzubegehren. Zu satt und zu platt, um noch irgendwie zu protestieren oder nachzudenken. Zum Beispiel dagegen, was da täglich über den Jordan geht. Allein die tausenden Tonnen Backware, die anderswo dringend benötigt werden würden.

Nicht unbedingt besser, aber doch anders war das ganze Konsumverhalten in der so genannten DDR. Ihre Bürgerin und ihr Bürger konnte jedenfalls aus wenig viel machen, improvisierte mit ein paar Kartoffeln solange herum, bis ein Vier-Sterne-Menü dastand. Er war eben hartgesotten im Umgang mit dem, was “zwischen die Kiemen” kommen sollte. Kein Weichei ohne Pfeffer, Salz, Senf oder Sardellen.

Gegen irgendwelche Begleiterscheinungen wie etwa Schimmelpilze, Fäulniserreger oder auch Desinfektions- oder Schädlingsbekämpfungsmittel war er halbwegs resistent geworden. Dafür gibt’s heute im gesamtdeutschen Westen Konservierungsmittel, Stabilisatoren, Emulgatoren, Ergänzungsmittel und noch ein paar Dutzend Profitisierungsbeigaben mehr. Die Industriellen auf den Seychellen und in der Schweiz lassen in Leverkusen, Ludwigshaven und Hamburg fröhlich und dauerhaft Quatsch mit Soße produzieren. Bautzener Senf oder Spreewalder Gurken schmecken ihnen nicht.

Am penetrantesten und perfidesten dabei ist – wie erwähnt - die alles durchdringende, schreiend blöde und bis ins Knochenmark verlogene Werbung, welche die gesamte Gesellschaft immer und überall durchdringt. Öffentlich wie nichtöffentlich. Giftig „strahlende“ Gesichter, gegen die man sich schlecht wehren kann, weil sie schick, schön, neu und gelackt daherkommen. Wie die Produkte drumherum. Kein Wohnzimmer mit Fernsehen und Radio, kein Handy, kein Internetaccount, keine Zeitung und Zeitschrift, kein Stadtbild, kein Bahnhof, keine öffentliche Fläche, die nicht mit grinsenden Visagen von ach so glücklichen Leuten vollgekleistert ist. Selbst Nachrichtenportale sind von diesem Müll durchdrungen, was verräterisch ist. Überall lachende, zähnebleckende Fratzen, überall heile Welt. Der Markt informiert nicht, er schreit. So dass es unerträglich dröhnt. Und in den Fußballstadien gibt es den schönen Doppelsinn: Bandenwerbung.

Schamlos gegen jede Realität wird geworben. Schon gar jene in der zweiten oder dritten Welt. Die in schwarzem Outfit in Nobelcafés ihren Rotwein schlürfenden Protagonisten von Hamburger Werbeagenturen dürften aber bestenfalls vom Alkohol hochrote Ohren bekommen und nicht von ihrer schamlosen Tätigkeit jenseits jeder gesellschaftlichen Redlichkeit. Man wird von ihnen zum Kaufen von Dingen animiert, die man nicht braucht. Das grenzt an pure Nötigung. Bedürfnisse wecken, die es vorher gar nicht gab.

Man darf nicht fragen, auf wessen Kosten. Hier und anderswo. In der DDR hat uns der Staat verarscht, schlimm genug. Aber immerhin haben die Bürger das durchschaut und über das „Neue Deutschland" und seine Ableger in den Bezirken nur noch traurig gelacht. Abgerechnet wurde 1989. Heute aber verarscht uns die Wirtschaft, nur macht sie es weniger plump. Es gibt ganze Studiengänge, um zu lernen, wie man den Verbraucher hinters Licht führt. Das Bunte und die „Bunte" blenden so schön. Nur ein kurzer Schritt zum Verblendetsein durch all die Werbung und das Marketing.

„Cerealien" und „Aloevera" zum Beispiel sind arglistig ausgegrabene Begriffe aus dem verkorksten Fundus der genannten Werbeschnösel wie etwa auch das werbepenetrante Pharmaprodukt „Kitschimehra" oder so ähnlich. Was verdrechselt, verblüffend neu oder kryptisch wissenschaftlich klingt, muss ja wohl der letzte Schrei des Guten und Richtigen sein. So wird perfide kalkuliert. Aber bei allen hierbei sorgsam kontrollierten Inhaltsangaben bleibt trotzdem die Restangst, dass wir allesamt zu wandelnden Überraschungseiern degenerieren.

Man weiß trotz nachhaltiger Marketing-Zeiten nicht mehr so recht, was wirklich drin ist in diesen wandelnden Eierhandgranaten auf zwei Beinen: Die wir Verbraucher geworden sind. Und herzhafte Lindenblüten, Akazienblüten und der Sauerampfer als alte Kinderdelikatessen sind inzwischen wahrscheinlich tiermehlaufgepeppten Puddings gewichen. Man kann gar nicht soviel essen davon, wie man kotzen möchte.

Heute haben wir die schon erwähnte Weihnachtskugelgesellschaft - alles hohler Glanz. Ende August gibt's Lebkuchenherzen und Marzipankugeln. Noch vom Vorjahr? Nein, schon zum Fest. Immer lustig und vergnügt, bis der Allerwerteste im Sarge liegt und selbst der Allmächtige die Schnauze voll hat. In der letzten Adventswoche werden die Schoko-Ostereier in die Regale gehievt. Der Weihnachtshase kann gehen, der Ostermann kommt oder so ähnlich.

Wie eigentlich wirklich etwas schmeckt, interessiert kaum einen mehr. Es muss billig sein. Am besten noch billiger. Oder eben sauteuer, frei nach dem Motto "Erst protzen vor dem kotzen". Es ist beinahe wieder wie im alten Rom: Zu Trimalchios und Petronius´ Zeiten kitzelte man sich beim Gelage mit einer Feder im Rachen, um dann wieder nachschieben zu können. Der Deutsche kann heute zwischen halbsynthetischen Laborprodukten und der letzten noch vorhandenen Feinkost bzw. Bio wählen. Massenorganisationen Ost sind Massenproduktionen West gefolgt. Was ist gesünder?! Wenn Schweine sprechen könnten, würden sie im Falle von Beschimpfungen wohl mit einigem Recht "Du Mensch!" ausrufen.

Bleiben wir gleich einmal beim Fleischer. Dort gab es zwar damals in der DDR - deren zweites D mindestens genauso verlogen war wie das eben Beschriebene - weiße Kacheln und nur für blaue was Feines. Heute aber ist Fleisch nicht selten rot eingefärbt, fettfrei und weitgehend geschmacklos. Ist´s aus Portugal oder Paraguay? Oder doch von uns? Auch mit BSE, Schweine- und Geflügelpest ist das Millionen Jahre währende Tiereessen nicht zu Ende gegangen. Auch das der Wurst also nicht, um die es mehr und mehr geht. Das ist ja immer noch eingeschweißter Aufschnitt, in dem alles Mögliche ist, nur keine Gewürze. "Du darfst!": Aber bloß nicht auf den Geschmack kommen.

Wirtschaftliche Zwänge und Ängste, dass das Produkt nur sehr

Wenigen gut schmecken könnte, lassen es allen gleich schlecht schmecken. Tausende Sorten bedienen nur fünf oder sieben unserer fünf- bis siebenmillionen Geschmacksnerven. Mit diesen Erfahrungen wird klar: Es war nicht alles Schmalz, was glänzte in der DDR. Gute Ost-Milchprodukte, die sich als Marke halten konnten, haben es schwer, überhaupt in den großen Supermarktketten eine Chance zu bekommen. "Leckermäulchen" etwa ist zwar hinreichend locker, aber nur selten fest gelistet. Warum eigentlich in die Ferne des bajuwarischen Allgäus schweifen, wenn die feinen Käsereien in der einheimischen Magdeburger Börde so nahe liegen?

Was das etwas weiter entfernte, leckere Moskauer Eis angeht, müssen oder dürfen wir heute buchstäblich eine "lange Nese" machen. Aber über Geschmack lässt sich ja streiten. Nur DDR-Kinder wussten, wie gut in der Zwangswirtschaft entworfene Lakritzstangen (10 Pfennige das Stück) schmecken konnten. Heute ist das nur zäher Zucker. Und Schulkinder zahlten genau einen Alupfennig für eine halbe Zuckerstange. Aber zugegeben:

Die wiederbelebten Schlager-Süßtafeln schmecken heute wahrscheinlich nur noch altbackenen Bezirksbonzen oder deren heute in die Jahre gekommenen, "freien demokratischen jugendlichen" Senkern. Die quälen sie sich wirklich standhaft rein. Wahrscheinlich sehnen sie sich immer noch nach so grotesken Produkten wie "Fetzer, Zweischichtriegel, geschäumt". Direkt aus Buna oder Leuna. Oder? "Mmm!" Hhm.

Geschäumt konnte man auch das Bier der DDR kaum nennen, deren Verkaufskultur trotz der geschilderten Vorteile genauso zweifelhaft war wie die Haltbarkeit ihres Gerstensaftes. Das ekelhafte Rostocker, das trübe und ebenso saure Magdeburger Goldquell oder das widerlich-süße Hadmersleber Unionsbräu sind in schlechter Erinnerung. Aber das gute Lübzer, Ur-Krostitzer, Wernesgrüner, Radeberger, Garley oder Colbitzer hatte durchaus mehr Charakter als manches blinkende westdeutsche Dosenbier, von stolzdeutschen "wahren" Blonden oder Schickimicki-Surrogaten aus dem Ruhrpott ganz abgesehen. Der Mensch, okay, ist eben ein Gewohnheitstier.

Tranchieren wir aber nicht den Gärtnerrücken und lassen den Rehbock die Beete pflegen. Dem immer wieder verdorbenen

Quark im nichtfunktionierenden Kühlregal der Kaufhalle konnten psychotraumatische Erscheinungen folgen. Einen Bückling machen und einen Bückling kaufen konnte in dieser alten Republik der 40 Jahre und der viel mehr als 40 Räuber durchaus das Gleiche bedeuten. Es war nicht eben verwunderlich und selten, wenn neureiche Golffahrerinnen durch das Horten von ganzen Tomatenmarkstiegen für ihre Kühltruhen den Otto-Normalverbraucher zur Verzweiflung brachten.

"Reserviert", "Sie werden plaziert", „Heute geschlossen", "Ich komme gleich wieder", "Durch diese Buttergasse (ein ehemaliges Magdeburger Bonzenlokal) werden Sie nie kommen", "Es gibt kein Bier in Ha-Neu", "Obst und Gammel" - diese Schilder und Sprüche sind nicht vergessen. Da blieb einem oft nichts anderes übrig, als auf den Weg zu brechen. Nur in Leipzig war Allerlei schmackhaft zur Messezeit. Und Berliner schmeckten uns allenfalls als Pfannkuchen - als Hauptstädter waren es Großkotzige. Das ist allerdings noch heute so.

Das undifferenzierte Beurteilen ost- und westdeutscher Wohlbefindlichkeiten jedenfalls dürfte ebenfalls fortgesetzt werden. Immerhin haben wir gelernt, dass sowohl ein Saumagen einen Kohl beinhalten kann wie umgekehrt auch ein Kohl einen Saumagen. Das jüngste Gericht aber heißt McChicken oder so. McBroiler jedenfalls nicht. Und unser Land heißt wahrscheinlich bald McDeutschland.

Also in diesem Sinne, laschtsch Euch gut schmegge. Und Prosit! Ob mit Rotkäppchen, kann hier aber ausnahmsweise dahingestellt bleiben.

Gute Nacht!

Meine Frau, die zählt zum Schlafe
an die hundertausend Schafe.
Sie zieht die Decke übern Kopf
und stopft in jedes Ohr ´nen Propf.

Doch die Schafe, Pfropfen, Decken
können nichts bei ihr bezwecken.
Denn räuspert sich im Holz ein Wurm,
dann dröhnt er ihr als Höllensturm.

Überall wähnt sie Getue,
findet einfach nicht zur Ruhe.
Sogar das eigne Atmen – ach -
ist Krach und hält sie ständig wach.

Was nun tun in dieser Lage?
Das ist hier die große Frage.
Sollte sie nicht länger fluchen?
Einfach nach dem Monde suchen?

3. Die Krux mit den Sonnenbrillen

Ja gut, sie schützen vor UV-Strahlung. Sonnenbrillen. Aber finden Sie mal die richtige! Wenn zum Beispiel eine Frau eine zur Hand und ins Gesicht nimmt mit Figuren wie Schmetterlingen, sieht sie aus wie Tootsie, Madonna oder Lady Gaga. Aber wer will das schon? Wie Audrey Hepburn werden sie sowieso nie aussehen. Außer meine Frau natürlich!

Als schick gilt bei den Damen auch ein weit überproportioniertes Nasengestell: Riesige Quadrate wie kleine Ofenkacheln mit leicht nach außen gebogenen Rändern. Es sind kaum noch Gesichtszüge erkennbar. Warum? Weil man unerkannt bleiben oder aber ein wandelndes Rätsel darstellen will? Mondän bis in die Haarspitzen, wenn auch als Frau irgendeines Provinz-Geschäftsführers.

Die Damen schieben sich Sonnenbrillen oftmals gern kokett ins Haar hoch, besonders am Strand oder wenn der Mann gerade die Motorhaube aufgemacht hat. Das sieht dann ziemlich hilfssexy aus. So als erste Stufe einer von ganz oben nach ganz unten angedachten Entblößung. Manche sollen sich die Sonnenbrille sogar ausschließlich fürs Haar kaufen. Und es gibt auch Männer, die dieses Schönheitsideal angenommen haben, wenn es bei ihnen auch so schmierig wie gebrauchtes Wälzlagerfett wirkt. Ein bisschen Möchte-gerne-Davos eben.

Andererseits nimmt mancher Mann gern ein Exemplar mit kreisrunden kleinen Brillengläsern, dann kann man den Musiker einer Hardrockband, den mutmaßlich berühmten Schriftsteller oder einfach nur den stillen Denker mimen. Am schlimmsten sind diese gesichtsnah gebogenen Dinger, die wie Schutzbrillen von Schweißern oder Ski-Abfahrtsläufern aussehen. So nach dem Motto „Ich bin Formel-1-Fan!“. Mit weißem Rollkragenpullover. Oder abgedrehter Rapper. Viel Testosteron mit der Brille, aber wenig dahinter.

Ach, dann lieber eine dicke, dunkel getönte Hornbrille – die wirkt tatsächlich abgefahren, schräg und intellektuschnell. So Woody-Allen-mäßig. Aber das will eben auch kaum einer. Unter und über dem (Lid-)Strich bleibt: Es gibt einfach keine passenden Sonnenbrillen. Die sind weitgehend Mist. Sie verdecken die

Augen als die einzig sichtbaren Fenster zur Seele. Man sollte sie deshalb dem gestalterischen Niveau eines Busfahrerschlipses angleichen. So hässlich, dass sie schon wieder schön wirken. Oder man wählt eben schlussendlich doch die übliche John-F.-Kennedy-Brille, die immer noch halbwegs kühl und stilsicher wirkt. Vor allem bei Frauen.

4. Rede an junge Menschen an der Schwelle zum Erwachsensein

Liebe Mädchen und Jungen,

oder sollte ich besser sagen: Liebe junge Erwachsene? Ich bin da etwas unsicher. Aber ich begrüße Euch alle sehr herzlich zu Eurer heutigen Jugendweihe.

Dies ist ein großer Tag für Euch, und ich wünsche Euch, dass dieser Tag für Euch ein Geschenk darstellt und nicht umgekehrt nur Geschenke den Tag darstellen. An einem solchen Tage zu Euch zu sprechen, ist gar nicht so einfach, wie man es schon in meiner Anrede hören konnte.

So muss ich zugeben, Euch zu siezen fällt mir noch ein bisschen schwer. Irgendwann muss man wohl den Wechsel zum Sie respektieren und wohl auch akzeptieren. Und das Erwachsenwerden ist natürlich auch ein längerer Prozess. Man kann schlecht halb Du und halb Sie sagen. Manche Ältere werden bekanntlich nie erwachsen, das muss aber nicht in jedem Falle schlecht oder ein Nachteil sein. Und wir Männer zum Beispiel bleiben ja ohnehin bis zuletzt irgendwie spielende Kinder. Also, ehrlich gesagt, Ihr wollt erwachsen werden und ich wäre liebend gerne noch ein Kind. Deshalb gestattet mir, heute noch einmal das vertraute Du bzw. das Euch zu wählen.

Kommt Ihr Euch heute zur Jugendweihe auch ein bisschen komisch vor, so wie auch ich damals, plötzlich wie ein Erwachsener behandelt oder betrachtet zu werden. Mit einem Schlage soll man auf Augenhöhe mit den Großen, mit den Alten, mit den Erwachsenen stehen. So ganz wohl ist da bestimmt nicht jedem von Euch, oder?

Ein wenig ist das so, als wenn man eine Medaille umgehängt bekommt, deren Sieg und Erfolg man sich erst noch erkämpfen muss. Das macht ein bisschen verlegen. Vielleicht auch peinlich. Das ist ein wenig mulmig, ein bisschen unangenehm, macht ein Stückchen unsicher – aber eben auch ein ganz klein wenig stolz.

Ihr fragt Euch heute vielleicht: Bin ich denn wirklich schon erwachsen? Und: Was kommt denn da auf mich zu, wenn ich auf einmal ganz anders ernst genommen werde? Denn Ihr steht ja, wie man sagt, an der Schwelle zum Erwachsensein. Und wer über eine Schwelle geht, steht mit einem Beim noch im alten Raum, mit dem anderen aber schon im neuen.

Vielleicht gilt ja deshalb die Jugend als die wohl schönste Zeit des Lebens, weil man da auf dieser Schwelle steht. Weil es ein Dazwischensein ist, ein Zwischenzustand. Dieser komische Zustand ist zwar einerseits unsicher und ziemlich verrückt, aber andererseits ist diese Zeit wie keine andere voller Überraschungen, Ideen, Fragen, neuer Eindrücke und nie gekannter Gefühle und Sehnsüchte. Da brauch ich nur an die berühmten Flugzeuge im Bauch erinnern, und Ihr wisst, was ich meine.

Das heißt, einerseits fällt heute – Pardon - das letzte Stück Eierschale von Euren Ohren und Ihr schaut in eine neue, spannende Welt. Andererseits möchtet Ihr die Annehmlichkeiten und Freiheiten des Kindseins vielleicht gar nicht so schnell und einfach ablegen. Und habt da noch die gewissen Hemmungen und Berührungsängste, was völlig normal, verständlich und sogar gut so ist.

Ich kann Euch eines versichern: Das Erwachsenwerden hört, wie schon angedeutet, im Grunde niemals auf. Es endet eigentlich wirklich erst mit dem Tode, wenn sich der Kreis des Lebens schließt. Denn der Weg des Lebens ist eine immerwährende Zeit der Reife. Der grüne Apfel ist zwar frisch und knackig, aber noch süßsauer. Der reife, farbige Apfel hat zwar manchmal schon ein paar Stellen, aber er kann wunderbar süß sein.

Das sind die ewigen Kehrseiten derselben Medaille. Nie ist alles beisammen, alles hat eine Kehrseite. Kluge Leute nennen das Janusköpfigkeit. Als junger Mensch möchte man nichts lieber als endlich älter sein. Als älterer Mensch möchte man nichts lieber, als möglichst jung zu bleiben.

Nicht selten werden auch Begriffe wie Stärke und Schwäche miteinander verwechselt. Ein sogenannter Spätzünder verfügt nicht selten über stille Qualitäten wie Besonnenheit und

Hemmung. Zurückhaltung kann eine Tugend sein. Der mutige, laute und offensive Frühreife dagegen verbucht schnelle Erfolge, gerät aber manchmal schnell vom Fortschritt zum Fortsturz. Der eine muss Courage, der andere sich zügeln lernen.

Letztendlich gilt wohl: Die Unvollkommenheit des Menschen ist vielleicht ein sicheres Zeichen dafür, dass wir nicht die Größten und Wunderbarsten unter diesem Sternenhimmel sind. Wenn man die Entwicklung der heutigen Welt betrachtet, sind wir es nicht einmal südlich des Nordpols. Aber trotz alledem machen uns erst unsere kleinen Fehler, Mängel und Schwächen sympathisch und zu Menschen. Ein perfekter Mensch ist genau so eine Horrorvorstellung als ein völlig missratener.

Warum aber ist es so schwierig, erwachsen zu werden und zu sein? Dass die meisten Männer immer die spielenden Kinder und viele Frauen ein bisschen albern bleiben werden, ist nur ein äußeres Zeichen dieser Schwierigkeiten des Alltags. Diese Leichtigkeit des Seins zu suchen ist ein notwendiger Ausdruck unserer Schwierigkeiten, das Leben insgesamt zu bewältigen. Bei allzu naseweis und selbstsicher daherkommenden Erwachsenen dürft Ihr also skeptisch bleiben, liebe Mädchen und Jungen.

Die Zeit der immer wiederkehrenden Leichtigkeit gibt uns jene Kraft für die schwereren Zeiten und Aufgaben: Für Schwierigkeiten, Hindernisse, Niederlagen, Bürden, schlechte Erfahrungen, große und kleine Enttäuschungen und schließlich für die Zeit von Trauer. Deshalb – damit man langsam aber sicher beginnt, sich auf die Herausforderungen des Lebens einzustellen und sich zu wappnen – deshalb gibt es diesen heutigen Tag der Jugendweihe.

Und was bedeutet das? Gar nichts Schlimmes! Nur etwas sehr Spannendes! Das weitere, nun folgende Leben, das dürft Ihr mir abnehmen, ist aufregend, ist schön und ist wunderbar. Es braucht da nur ein paar Tugenden, Werte und Eigenschaften, um besser und ohne schwere Reue mit ihm umzugehen. Nun gibt es Hunderte dieser Werte, die Euch Eure Eltern, Verwandten und Lehrer immer wieder hinter Eure Ohren schreiben wollten, um das Grüne dahinter langsam zu überwinden.

Die Frage war dann immer: Blieb etwas davon hängen, oder blieb es bei den Eierschalen? Dabei wissen wir aber zu Eurer Beruhigung: Eierschalen gibt es immer, wir sind als Menschen nun einmal fehlbar und niemand ist perfekt. Man sollte also eine Auswahl treffen, was einem besonders wichtig ist. Meine sechs Favoriten zum Beispiel sind Verantwortungsbewusstsein, Gerechtigkeitssinn, Weltoffenheit, Lernbereitschaft, Friedlichkeit und Humor.

Die Fähigkeit, Verantwortung zu übernehmen, macht Euch fit für die mögliche Gründung einer Familie, vielleicht für spätere Kinder, auch für Arbeit und Beruf sowie für gesellschaftliches Engagement. Gerechtigkeitssinn ist wichtig für den sozialen Zusammenhalt der Gesellschaft, für faires und menschliches Miteinander, für die Fähigkeit zu Mitgefühl. Gerechtigkeit und Recht sind immer noch zwei verschiedene Dinge. Das Recht als hohes Ziel aber will immerfort auf Gerechtigkeit hin überprüft werden. Gleichbehandlung zum Beispiel ist leider nicht immer gegeben.

Offenheit im Allgemeinen und Weltoffenheit im Besonderen werden im globalen und digitalen Zeitalter und vor dem Horizont der Künstlichen Intelligenz immer wichtiger. Behalten wir Menschen die Kontrolle oder gerät mehr aus den Fugen als wir uns wünschen? Es gibt darüber hinaus nicht nur persönliche Identitäten wie das Geschlecht, sondern auch eine nationale und internationale Identität. Wir sind immer noch Deutsche und haben das Recht, unsere Kultur zu bewahren und zu pflegen. Aber wir sind eben auch Europäer und Weltbürger. Alle diese Kategorien sollten sich die Hände reichen.

Die Lernbereitschaft brauche ich Euch wohl nicht zu unterstreichen, diese Botschaft hängt Euch vielleicht schon zum Halse heraus. Trotzdem werdet Ihr immer wieder feststellen, wie wichtig sie ist. Die Schule ist bald aus? Denkste! Sie fängt immer wieder an. Ein Leben lang. Denn man lernt nie aus. Und das ist kein breit getretener Quark. Das ist Sahne, auch wenn sie manchmal wie saure Milch schmeckt. Es kann nicht jeder weise werden, aber gut gebildet und ausgebildet schon.

Die Friedlichkeit und Friedensliebe wird heutzutage immer

wichtiger. Und auch hier gilt das Private und das Gesellschaftliche. Das Verhalten in der Schulklasse, unter Freunden und in der Familie wie das Verhalten im Interesse unserer Gemeinschaft, unserer Gesellschaft, schließlich unseres Landes. Denn Friedensliebe schließt die notwenige Fähigkeit zur Verteidigung mit ein. Spätestens mit ein wenig Empathie für unschuldige Familien, die brutal bombardiert werden, wird einem diese Notwendigkeit klar.

Nicht zuletzt die Lebensfreude und die Heiterkeit sind für ein glückliches Leben wohl unabdingbar. Mit dem Humor sind weniger die auswendig gelernten Witze gemeint noch die über Youtube, Instagram, Whattsapp oder Tiktok verbreiteten Bildchen und Filmchen. Nein, ich meine damit eher das Lächeln, das Schmunzeln, die Freude über den Erfolg des Anderen, den Mutterwitz, den Alltagshumor – das Leichtnehmen von schwereren Dingen. Gesunder Humor muss eben immer auch von gesunder Ernsthaftigkeit ergänzt werden.

Liebe Mädchen und Jungen,

natürlich werdet Ihr alle jetzt schon den inoffiziellen Teil des heutigen Tages herbeisehnen. Die abendliche Familienfeier. Aber längst wisst Ihr auch, dass es neben der Kür auch eine Pflicht gibt. Im Idealfall empfindet der Mensch beides ähnlich schön. Er genießt die herausfordernden, weiterbringenden und schönen Seiten der Pflicht, aber er achtet umgekehrt auch während der schönen Kür auf die dort wartenden Pflichten.

Das beliebte Wortspiel „Arbeite ich, um zu leben, oder lebe, ich um zu arbeiten" bringt dabei nicht den gewünschten Erkenntnisgewinn. Denn ein Schuh wird doch erst draus, wenn ich das Arbeiten als Teil des Lebens und das Leben eben auch als gewisse, notwendige Arbeit empfinde. Sich nichts im Wege steht und widerspricht. Es eine Einheit bildet.

Man kann also nichts im Leben nur schwarz-weiß oder streng getrennt betrachten. Denn das Offensein für das Andere, das ganzheitliche Denken, das Zusammendenken, der Draufblick stärken sowohl das Verantwortungsbewusstsein als auch unser Selbstwertgefühl. Wenn man etwas geleistet, erreicht, geschaffen hat, ist man mindestens so glücklich wie während eines Urlaubs oder einer Fete. Wenn man sich dort nicht gerade verliebt... Das ist natürlich etwas gaaanz anderes. Das wäre die intime Zweiseitigkeit, Zweisamkeit.

Die Zweiseitigkeit von Pflicht und Kür gilt aber darüber hinaus insgesamt für die Sichtweise auf alle Eure Mitmenschen. Versucht doch öfter einmal, Euch in den oder die anderen hineinzuversetzen, die Dinge aus seiner/ihrer Perspektive zu betrachten. Man nennt das Empathie, Mitgefühl als Mischung von Mitleid, Mitfreude und Mitdenken. Damit kann es gelingen, diese komplizierte Welt ein bisschen besser zu verstehen.

Das ist wie bei einer Blüte. Wer sich öffnet, der kann auch mehr empfangen. Um dann vielleicht auch mehr zu senden. Denn wer nicht nur Empfänger, sondern auch Sender ist, der füllt sein Leben besser aus, mit etwas mehr Sinn sozusagen. Solange das Senden nicht schreiend laut, sondern angemessen zurückhaltend passiert jedenfalls. Aber vernehmlich.

Senden ist ja nur eine Metapher für Geben. Man kann vieles geben: Liebe, Freundschaft, Zuneigung zum Beispiel. Aber auch Verständnis, Hilfe, Unterstützung. Rat und Tat für Menschen, die es nicht allein oder allein nicht so gut schaffen. Die Felder sind weit. Feuerwehr, Sport, Musik, Betreuung, Vereine, Musik und Kunst oder auch politisches Engagement bzw. solches in einer Non Government Organization (NGO). Wenn alle Menschen nur zu eigenen Gunsten vor sich hin leben würden, käme es früher oder später zum Zusammenbruch der Gesellschaft. Wenn das viel gelobte Amerika, die Vereinigten Staaten, so weitermachen, werden irgendwann an diese Grenzen gelangen. An die Grenzen der grenzenlosen Freiheit. Und des Egoismus.

Empfangen und Senden, Nehmen und Geben spiegelt jedenfalls den Kreislauf des Lebens insgesamt. Man gibt das Empfangene zurück an die nächste Generation und an die Gesellschaft. An die eigenen Kinder. Und wenn man keine hat, an seine Nächsten. Das, was man zuvor selbst bekommen hat. Wie auch immer dies jedem einzelnen von Euch einmal gelingt, muss hier offen bleiben. Aber versuchen sollte man es zumindest.

Wir wissen natürlich: Niemand ist perfekt. Und auch die schillernste Figur hat offensichtliche oder verborgene

Schwächen. Wer das weiß, kann etwas gelassener mit Großklappen und Perfektionisten umgehen. Und noch dazu hilft eine kleine Weisheit: Wer sich selbst auf den Arm nehmen kann, hat die schwierigste aller Turnübungen geschafft. Über andere zu lachen ist billig und keine große Kunst. Wer aber über sich selbst lachen kann, hat schon gewonnen. Das ist eine prima Methode, um Klippen, Hürden, Niederlagen und Probleme zu überwinden. Zu bewältigen. Neben der Kür gibt es eben auch eine Pflicht sich selbst gegenüber.

Ganz so zweiseitig wie beschrieben, ernst und heiter, soll auch der heutige Tag verstanden werden und in Erinnerung bleiben. Er ist sozusagen von heiterer Melancholie durchwoben und es ist gut, dem Ernst des Lebens, der heute gewissermaßen und symbolisch beginnen soll, mit einem Lächeln zu begegnen. Denn eines ist gewiss: Nach jedem Berg kommt ein Tal und nach jedem Tal ein Berg. Und dann wieder ein Tal. Und wieder ein Berg. Wenn man älter wird, und das soll jetzt nicht altklug klingen, weiß man, dass beide ihre eigene Schönheit haben. Das Leben ist eine Sinuskurve.

Ihr alle steht nun auf der vorhin schon beschriebenen Schwelle. Ich empfehle Euch, in die heutigen Feiern, die Euch gegönnt seien, auch ein Stück Nachdenklichkeit zu mischen. Wer bin ich? Und was will ich eigentlich? Denn Ihr – ja Ihr! - seid die Schreiberinnen und Schreiber Eurer eigenen Lebensgeschichte. Den großen Aufsatz Eurer Lebensreise schreibt Ihr selbst. Dieser Lebensweg selbst ist das Ziel. An jedem Tage neu. Ich wünsche Euch dafür alles erdenklich Gute! Und das notwendige Quäntchen Glück.

Der letzte Schrei

Wenn es Zeit wird, vom Acker zu gehn,
da wirbelt im Kopfe die Flause:
Was soll nun auf meinem Grabstein stehn -
„Machts gut nun, ich fliege nach Hause“?

Die bloßen Daten geben nichts her.
Selbst Böseste „ruhen in Frieden“.
Auch ich bin letztlich nur irgendwer.
Dahin-, ja wohin, geschieden?

Was ist der neueste Trauertrend?
Was ist denn gerade in Mode?
Der man nun folgsam hinterdrein rennt,
so für das Geschäft mit dem Tode.

Wenn ich mich gegen dieses wehre
und mich mit den Dichtern vernetze,
dann geb ich zwei Großen die Ehre,
ja deren Ideen ich so schätze.

Ignaz Wrobel hat Goethe zitiert,
das große faustische Verzeichnis.
Auf Wrobels Grabstein ist eingraviert:
„Vergängliches ist nur ein Gleichnis.“

5. Ach wie niedlich!

Reden wir einmal über Jungen. Deutschland ist da ein Kindergarten. Für die ganz kleinen Jungen nahmen die Mütter der vorletzten Generation beim Vornamen der Spielkameraden meistens einfach nur ein kleines „i“ daher, um schnell einen Spitznamen zu finden. Diesen Müttern sei das ausnahmsweise noch verziehen. Tobi und Michi und Basti und Dani spielten da im Sandkasten niedlich und verniedlicht miteinander. Das klang zwar nicht besonders abwechslungsreich, war aber wohl in diesem Alter gerade noch so zu ertragen.

Heute im „woken“ Zeitalter allerdings soll man die kleinen Zwerge auf gar keinen Fall mehr in dieser Babysprache ansprechen, denn das seien ja alles im Grunde schon „ausgeprägte Persönlichkeiten, die Respekt und korrekte Ansprache verdienen!“. So früh wie möglich für den harten erwachsenen Alltag fit machen. „Das sind Individuen, Respektspersonen, kapiert?“ Gleichstellung sei selbstverständliche Pflicht. Hätscheln und tätscheln.

Erst recht unter den Flügeln eines Helikopters. Dass man sich in dem Getöse als Große kleiner machen will, klingt erst einmal ganz verständlich. Man liebt die Nachkommen ja schließlich und will sich auf deren Augenhöhe schützend herunterschrauben. Aber gleich dermaßen geschrumpft? Da wird dann oft nicht etwa gesundes Selbstbewusstsein, sondern Respektlosigkeit und Rotzefrechsein geboren.

Trotzdem habe ich mich immer nach etwas originelleren Spitznamen als mit einem kleinen „i“ oder dem trockenen Echtnamen gesehnt. Die weder stereotyp verniedlicht daherkommen noch hölzern-humorlos den schnöden Namen der Geburtsurkunde verwenden. Bei uns damals hießen die Jungs Bimmel, Kirsche, Ronaldo, Schorsch, Hokus, Pesel, Frox und Wanne. Wenn sich da einer mit finalem „i“ wie Franki dazwischenmischte, dann war das die ehrenhafte Ausnahme, weil er der Kleinste war. Dieser Spitzname hatte wie die anderen bis zur Bahre und darüber hinaus Bestand.

Doch was machten die Zeitgenossen dann später mit erwachsenen Männern? Da reichts offenbar immer noch nicht zu mehr Phantasie: Die Allerweltsblondine von „Wetten das?“ mit den landesweit geschmacklosesten Klamotten wird sympathieheischend Tommi genannt. Ach der Tommi, der ist ja sooo nett. Es trieft so, dass man bei Tommi glatt an eine Mayonnaisesorte denken könnte.

Oder den anderen großen Jungen da, der schon als kleiner Bub mit der Stuhllehne in der Hand scharfe Kurven um den Küchentisch fuhr: Schumi. Der kann ja nichts dafür! Ihn hat es schlimm erwischt, aber er braucht kein kleines i, um damit klarzukommen. Ein großes Idol braucht aber offenbar doch ein kleines „i“. So wie Berti (Voigts), Waldi, Poldi, Schweini und Lippi. Das klingt alles ganz schön nach Greti und Pleti. Jauchi konnte gerade noch verhindert werden. Der wird verdammt froh darüber sein.

Obwohl jeder konkrete Buchstabe so wie auch das „i“ sächlichen Geschlechts ist, ist ein „i“ im Grunde ein zutiefst weiblicher Buchstabe. Männer lachen schließlich hohoho, Frauen hihihi. Will sagen, das „i“ hat einen helleren, leichteren Klang. Moni, Gabi, Biggi, Netti oder Kathi – das lassen wir uns also nicht nur gefallen, sondern finden es supi. Es sei denn, die Oberschenkel sind so muskelstrotzend wie bei Anni & Pechi im Eisschnelllauf, das ist dann auch kein Glücksfall deutscher Sprachkultur mehr.

6. Kindermund von Max (geboren am 11. Juni 1991) und Maja

Dezember 1993
Im „Stern“ war ein Foto mit einem Baby zu sehen. Ich sagte: „Max, streichle es doch mal am Po.“ Darauf entgegnete er: „Is doch bloß n Bild, Papa.“

Mai 1996
Max stellte eine Frage in korrekter Grammatik, was uns alle sehr verblüffte: „Papa, wie ist er denn darauf gekommen, wieder in die Eisenbahn einzusteigen?“

Mai 1997
Max beschreibt fantasievoll den Dalmatiner von Oma Werder: „Es war ein Hund mit schwarzen Punkten, aber die warn nicht rund, sondern so, wie die Erde Länder hat.“

Juni 1997
Ein Mann verbot den Kindern, auf dem Wäscheplatz Fußball zu spielen. Darauf Max: „Das is ja n alter Opa. Und n Opa kann man das verzeihen.“

Juli 1997
„Irgendwann werde ich mal wie n wilder Stier! Immer zwei gegen einen!“

Juli 1997
Nach den ersten Übungen, das Fahrradfahren zu lernen: „Ich hab n bisschen Erfahrungen jetzt.“

August 1997
„Mutti, komm doch mal. Du musst mir ganz behilflich sein.“

Dezember 1997:
Beim Aufstehen in der Frühe lugt er unter der Bettdecke hervor und sagt: „Es ist mir so vorgekommen, dass ich fliege.“

Dezember 1997
Max demonstriert eine Zeitlupe im Fußball mit folgenden Worten: „Funktioniert jetzt theretig ganz schnell.“

Dezember 1997
Max zu seiner Oma Parey über ein Weihnachtsgeschenk, was er gerade bekam: „Oma, ein Computer! Da steht dir der Mund offen, was?!"

Die Enkelin unserer Freundin Conny namens Maja, als sie im Alter von vielleicht 5 Jahren (war es 2014?) bei uns im Garten lebensfroh in einem kleinen Plastikpool herumplanschte: „Es ist so dromantisch!" Wörtlich genau so rief sie das spontan aus, mit „d" vorne.

Und hier noch zwei nicht ganz stubenreine Kinderzitate vom Autor (geboren am 14. Mai 1956)

September 1960
Meine Tante Helli in Leipzig war völlig konsterniert, als ich sie plötzlich schwer beleidigte: „Helli du Arsch." Als sie mich zur Rede stellte, sagte ich: „Hab ja nur Gras jesaacht."

April 1961
Meine Eltern hatten im Wohnzimmer viele Jahre einen grünen Kachelofen. Eines Tages überraschte ich sie aus heiterem Himmel mit der Drohung: „Jetzt piss ick hintern Ofen." Da blieben ihnen Mund und Nase offen...

7. Legendär: Die Dreiecksbadehose

Eine der befremdlichsten Erfindungen der Bekleidungsindustrie der DDR war die berühmte Dreiecksbadehose. Manch ältere Leserinnen und Leser werden sich mit einigem Schaudern noch heute an diese merkwürdige Anziehsache erinnern. Für sie war es wahrscheinlich die hässlichste Schöpfung der Bademoden aller Länder und Zeiten.

Aber es gab auch die Gegenmeinung. Denn trotzdem wurde sie von mehr als der gefühlten Hälfte der Vertreter des männlichen Geschlechts getragen. Dieser seltsame Schurz war ein echtes Phänomen. Warum eigentlich? Naja, zum einen war sie spottbillig. Zum anderen gab es bekanntlich ohnehin nicht soviel Auswahl bei HO und Konsum und so weiter. Drittens hatte sie den gewissen Humorfaktor, wenn er auch etwas Mut erforderte: Immer wieder ein Hingucker.

Weltweit einzigartig war übrigens viertens: Man musste nach dem Bade keine der schmierigen Umkleidekabinen aufsuchen, um sich der feuchten Hose zu entledigen! Man zog einfach die Turnhose drüber und konnte das nasse Unikum nach Öffnen zweier Knöpfe an der rechten Hüfte bzw. dem Lösen eines dortigen „Schnürsenkels" einfach am linken Bein herablassen. Ein wenig ungewollter Slapstick wie bei Mr. Bean und fertig. Dreieckig, praktisch, gut. Auch wenn es immer wieder Leute gab, welche die umständlichere Methode wählten.

Das Ding war unter geringstem Materialverbrauch aus schlichtem Zelt- oder Fahnenstoff genäht, sprich, es war viel nackte Haut zu sehen. Es kam also dem damals aktuellen Trend nach mehr „Mini" entgegen. Es gab junge Halbstarke, die dann mit dem Fetzen auch mutig wie ein Gockel herum parlierten und kokettierten. Das ideale Alter für Dreiecksbadehosen existierte einfach nicht. Die Ränder waren übrigens mit einem etwa ein Zentimeter breiten, schraffiert geprägten Leinenband umsäumt, wie man es von der Bedienung von Jalousien kennt. Das war der Kick der Designer. Man lief also mit einer Puppenstuben-Sonnenschutz, einer Art Wimpel oder einem Minizeltchen herum.

Gegen die Pose mit der Hose sprach allerdings: In der

Vorderansicht quoll ab einem gewissen Alter in der Leistengegend hier und da das Schamhaar unter der Badehose hervor, und zum Verdruss sittsamer Strandbesucherinnen manchmal sogar noch etwas mehr als nur das. Das war Ansichtssache. Noch heute streiten sich Betroffene, ob dieser Umstand den Sexappeal steigerte oder verminderte. In der Rückansicht wirkten die herauslugenden Pobacken bei schlanken Kerlen auch nicht immer „voll sexy“, sondern wegen des Drumherums eher ein wenig ordinär. Bei beleibteren Mannsbildern war das, was links und rechts hervorquoll, einfach nur unästhetisch.

Kaum auszudenken trotzdem, welche interessanten Flirts sich da am Badestrand trotz oder wegen der Dreiecksbadehose immer wieder anbahnten und abspielten. Was passierte da eigentlich, wenn sich eine solche Hose in die Nähe eines Bikinis legte? Immerhin konkurrierten da fahnenrote mit verwaschen grünen und blauen Modellen. Genau in dieser Reihenfolge. Die meisten waren undefinierbar rot und das schicke Marineblau gab es nur selten. Ob das politische Gründe hatte, muss an dieser Stelle dahingestellt bleiben.

Weltweit einzigartig war übrigens: Es brauchte nach dem Bade keine Person, die ein Handtuch hält, keinen Busch oder keine schmierige Umkleidekabine, um sich der feuchten Hose zu entledigen. Man zog einfach die Turnhose drüber und konnte das nasse Unikum nach Öffnen zweier Knöpfe an der rechten Hüfte bzw. dem Lösen eines dortigen „Schnürsenkels“ einfach am linken Bein herablassen. Einfach dreieckig, praktisch, gut. Wenn auch mit ein wenig ungewolltem Slapstick wie bei Mr. Bean, an den da noch nicht zu denken war. Auch wenn es immer wieder Leute gab, welche trotzdem die herkömmliche Methode wählten.

Nichtsdestoweniger ist und bleibt die Dreiecksbadehose ein Kultgegenstand, der aus dem Leben von unzähligen Männern und auch Frauen vom Kap Arkona bis zum Fichtelberg nicht wegzudenken ist. Wieviele Jungen wohl mit dem verrückten Dreieck das Schwimmen gelernt haben mochten?

Herbstlied

Du kleines Lindenblatt im Wind,
du sinkst mal sanft und mal geschwind.
Du bist nicht klug, du bist nicht dumm.
Du wirbelst einfach nur herum.

Ach, loses Lindenblatt im Wind,
bist unbeschwert so wie ein Kind.
Bist mir mal nah, bist mir mal fern.
Du buntes Blatt, ich hab dich gern.

Mein teures Lindenblatt im Wind,
du machst, dass wir zwei heiter sind.
Bist eben hier – schon wieder dort.
Du flüchtig Blatt, flieg mir nicht fort!

Nun denn, du Lindenblatt im Sand,
wie gut, dass dich kein andrer fand.
Du fliegst und fliehst – ich steh und lauf.
Ich heb dich auf. Und heb dich auf.

8. NEUE LOSUNGEN ZUM 1. MAI

1. Es lebe der 1. Mai - der Kampftag an Bierzelten und Würstchenbuden!
2. Die Kartei, die Kartei, die hat immer recht.
3. Unverbrüchliche Freundschaft mit den Völkern Nordamerikas!
4. Solidarität mit den um ihre Arbeitsplätze kämpfenden Parlamentariern!
5. Die FDP – die Kampfreserve der Parteien!
6. Es lebe der kulinarische Internationalismus – McDonalds!
7. Werktätige der Steuerparadiese: Meine Hand für meinen Betrug!
8. Bauschaffende – gigantischer das Kanzleramt!
9. Unsere große Geschichte: Von der Treuhand lernen hieß fliegen lernen!
10. Schöner unsere Städte – gemeiner unsere Dörfer. Mach mit!
11. Mitarbeiter der Behörden: Mehr Formulare, längere Anträge, mehr Büroklammern!
12. Schneller, lauter, weiter, mehr, super!
13. Die Inflation in ihrem Lauf, halten weder Ochs noch Esel auf!
14. Jedem Bürger seine Bürofläche!
15. Investoren! Aus unseren Betrieben ist noch viel mehr herauszuholen!
16. Parlamentarier aller Länder – beleidigt Euch!
17. Ruhm und Ehre den öffentlich-rechtlichen Medienschaffenden für ihre verantwortungsVOLLE Personalpolitik!
18. Dank und Anerkennung allen Brokern und Großaktionären für die hervorragenden Leistungsbrüche an der Börse!
19. Mit neuen Erfolgen in der Gesundheitspolitik stärken wir die Arzneimittelwirtschaft!
20. Brüderlicher Gruß den Genossen der SPD, die keine Faust mehr ballen können, weil sie die Finger überall drin haben!

9. Werbung als übel riechender Fetisch der Marktwirtschaft

Dies ist ein Angriff auf die heilige Kuh des Kapitalismus. Auf die Werbung, die man lange auch als Reklame bezeichnete. Diese Kuh muss geschlachtet werden.

Die Wahl zwischen privatem und öffentlich-rechtlichem Fernsehen ist heute oft wie jene zwischen Pest und Colera. Alle nennen sich unabhängig, aber so nehme ich sie nicht mehr wahr. Beide durchdringt eine perfide Werbebranche, die hier einmal näher in den Fokus genommen werden soll. Dazu hole ich etwas aus, um später zum eigentlichen Thema zu kommen. Nehmen wir einmal die so genannten Öffentlich-Rechtlichen:

Sie leben von unseren Rundfunkgebühren und ihre Chefetagen bedienen sich mehr als fürstlich bei diesen von den Bürgerinnen und Bürgern finanzierten Gehältern und Betriebsrenten. Siehe auch MDR und RBB. Neulich sendete der Deutschlandfunk in seiner Sendung „medias res“ überraschend offen, dass zum Beispiel der Phoenix-Moderator Jörg Schönenborn schon jetzt auf eine Betriebsrente als Zusatzeinkommen von weit über drei Millionen Euro vertrauen darf.

Neid ist hier der falsche Begriff, der einem da in den Sinn kommt. Aber man darf wohl fragen, ob das noch angemessen, fair, ausgewogen und gerecht ist. Und man darf wohl auch fragen, ob man die Berichterstattung angesichts solcher Zahlen noch unabhängig nennen kann.

Ja, es gibt viele hervorragende Sendungen im öffentlich-rechtlichen Fernsehen und Rundfunk. Und das meiste ist fern von wirklichkeitsfremden Verschwörungstheorien auch wahrhaftig. Mehr als 85 Prozent. Aber wenn es um die Politik geht, um die politische Berichterstattung nebst den Talkshows mit den immer gleichen, mächtigen Berliner Gästen, und wenn es um die Gestaltung von Nachrichten und politischen Magazinen geht – dann müssen Fragezeichen erlaubt sein. Die Verteidigung der Demokratie ist eine hehre Aufgabe, ja, aber darf sie zur hoheitlichen Mission werden? Zum verlängerten Arm? Dieser Eindruck drängt sich manchmal auf. Zumal, wenn man die Berlinkorrespondenten von ARD, ZDF, Phoenix und DLF näher betrachtet und den Output ihrer zu sehr ausgeprägten Nähe zur Macht dazu.

Unter dem Strich muss die kritische Frage erlaubt sein, wie unabhängig diese ÖRR-Medien wahrhaftig sind. Wo nämlich vor der Kulisse, also auf dem Monitor ach so tapfer fortwährend die Demokratie verteidigt wird, sieht es hinter der Kulisse, wo die Programmchefs, Macher, Texter, Vorbereiter sitzen, wohl etwas anders aus: Hier wird offenbar mit personellen Besetzungen von Sendungen, mit der Auswahl von Themen und Nachrichten, mit der Programmstruktur letztlich nur die freie Marktwirtschaft verteidigt, der schiere Kapitalismus.

Durchaus engagierte und positive, ja mutige Gegenbeispiele von ARTE oder 3Sat sind summa summarum nur das Feigenblatt, sind äußerst selten, und sie kommen auch nur auf späte Sendeplätze, werden kaum beworben. In die 20.15 Uhr-Sendungen von ARD und ZDF werden sie es NIE schaffen. Aber da gehörten sie hin! Am schlimmsten: Diese von Bürgern bezahlten Sender schämen sich nicht, die Zuschauer täglich zusätzlich mit abgefeimter Werbung von Konzernen zu belästigen, von höchst ungesunden Zuckerprodukten für Kinder bis zu zweifelhaften Pharmaprodukten und anachronistischen Monsterautomobilen.

Nicht für Kinder, sondern für deren Eltern. Da sträubt sich einem das Nackenhaar, wenn eine Sekunde später ein Nachrichtensprecher im seriösen Zwirn auf dem Bildschirm erscheint. Die Kasse hat ja bereits geklingelt. Allerdings nicht bei mittelständischen Betrieben, denn die können sich diese Fernsehwerbung gar nicht leisten. Es stimmt eben etwas nicht im „Staate Dänemark“. Soweit zur Pest.

Die privaten Sender dagegen - wir erinnern uns, die Colera - haben zwar eine gewisse politische Unabhängigkeit, aber dafür hängen sie am Tropf der Wirtschaft. Hier ist die Werbung noch penetranter, noch marktschreierischer, noch quasi nötigender, noch hirnzerstäubender und noch dreister: Bedürfnisse zu wecken, die es vorher nicht gab. Hier herrscht ständige Unterbrechung, hier werden unbedarftere Zuschauer mit bunten Bildchen, schrillen Piepsstimmen und üppigen Schönchen, mit Glücksfantasien und Heile-Welt-Versprechungen zum Kaufen animiert, überredet, überrumpelt wie beim freiwilligen Zwang.

Halb ziehen sie sie, halb sinken sie hin. Und kein kluger Jauch protestiert, er grinst alles in sich hinein. Man weiß, warum. Werbung ist der Motor der Marktwirtschaft, ja: für Procter & Gamble oder Nestlé oder Bayer oder Mercedes oder Vodafon oder die Deutsche Bank vielleicht. Aber fragen Sie mal Mittelständler, Handwerker, Kleinbetriebe, Gastronomen, Dienstleister. Welche die breite Mitte der Gesellschaft ausmachen, welche sie tragen. Haben Sie den Magdeburger „Mückenwirt“ schon mal fünf vor 20 Uhr in der ARD oder im RTL werben gesehen? Wohl kaum. Werbung ist eben nicht nur der Motor der Superreichen, sondern auch ihr stinkender, verkommener, verlogener Fetisch.

In der DDR hat die staatliche Lüge die gesamte Gesellschaft durchdrungen. Was im Neuen Deutschland stand, mussten alle anderen Zeitungen nachdrucken. Aber alle Menschen draußen im Lande haben diese dümmliche Lüge erkannt, zum Schluss neben der wachsenden Wut auch nur noch darüber gelacht.

Heute geht es geschickter zu. Die Werbung mit ihren bunten, gelackten Farben und Vergötterungen des (umweltschädlichen) Verbrauchs durchdringt ebenfalls die gesamte Gesellschaft. Alles im Namen von Wachstum und Wohlstand. Aber alles zulasten der zweiten und dritten Welt, des Klimas und der Umwelt. Und selbst auch zulasten der Mitte der Gesellschaft, die nicht annähernd davon so profitiert wie ein paar Hände voll von Wirtschaftsmagnaten, Mogulen, Oligarchen, Spitzenmanagern. Diese sorgen dafür, dass jede Fläche und auch jedes Hirn mit Werbung zugekleistert wird: Im Stadtbild, in Bus und Bahn, in Bahnhöfen, im Fernsehen und im Rundfunk, im Internet mit seinem Unsocial Media, in Zeitungen, Zeitschriften und Magazinen, nahezu überall.

Außer unter der abendlichen Bettdecke, aber selbst dorthin hat es der liberale Kapitalismus, wie ihn Herr Lindner predigt, schon geschafft, wenn die Kinder ihre Handys dort benutzen und sich nach Porsches sehnen. Die offene und durchschaubare Lüge des so genannten Sozialismus war nahezu überall, aber die sanfte und weniger durchschaubare Lüge des Kapitalismus hat es auch ins Privateste geschafft. Das ist der Status Quo.

Wollen wir das? Nur um des schnöden Wohlstands und Wachstums wegen, der die Erde unserer Kinder und Kindeskinder zerstört? Mehr Argumente als W+W hat die Marktwirtschaft nicht? Das ist aber ein bisschen zu wenig. Ziemlich erbärmlich. Rousseau, Humboldt und Bebel würden sich Grabe herumdrehen. Wohlstand ist gut, aber um seines selbst willen? Mit immer widerlicheren Auswüchsen? Wachstum ist natürlich gut. Bäume wachsen ja auch. Aber nicht ewig und in den Himmel. Sie vergehen auch. Das Kleine, Langsame, Leise ist nachhaltiger und menschlicher als das, was man in Betriebswirtschaftslehre erlernt. Und erst recht als das, was in Hamburger Werbeagenturen erbrochen wird.

Vorbei die Zeiten, als das verärgerte HB-Männchen als Zeichentrickfigur zur Freude der Fernsehzuschauer immer wieder lustig nach oben abhob. „Wer wird denn gleich in die Luft gehen?“ Ich! Denn die humorvolle, sanfte Werbung ist Vergangenheit. Es geht um Profitmaximierung, um Sharholder Value. In endzeitlicher Postmoderne ist der vielbeschworene Motor der Marktwirtschaft zu einer üblen Mischung aus Zynismus, kalter Kurzatmigkeit, subtiler Verarschung und zunehmender Menschenverachtung verkommen.

Werbung ist öffentlich nahezu unangreifbar und unangegriffen, da sowohl elektronische wie auch Printmedien sich zu großen Teilen aus der heiß umkämpften Reklameakquise selbst finanzieren. Das System der Kontrolle soll und muss versagen, damit das Charlie-Chaplin-Räderwerk weiterlaufen kann. In diesem Konstrukt kann es folgerichtig kaum Journalisten geben, die mit einer fundamentalen Werbekritik ihren Job riskieren würden, weil der Verlag, der Sender, die Webplattform Schaden nehmen könnte. Man kann in Deutschland alles kritisieren außer eines: Die Werbung.

Seit mit dem Zusammenbruch des Ostens die letzten Ketten auch eines sittlichen Korrektivs im westlichen Lager gleich mit weggesprengt worden sind, bricht sich in der Werbebranche eine immer hemmungslosere Hetzjagd um die Kunden Bahn, die noch letzte bestehende Tabus zum Teufel zu jagen bereit ist. Erst kommt das - große - Fressen, dann kommt die Moral, wird feixend der Bertolt Brecht zitiert und abgefeimt drauflos geworben.

Redaktion und Anzeigenabteilung werden streng getrennt, das ist Gesetz. Die Redaktion rechtfertigt sich mit dem Gebot der journalistischen Unabhängigkeit, genügt ihm aber nicht. Die Werbeabteilung argumentiert, die Redaktion zu alimentieren und verwahrt sich so gegen mögliche Einsprüche. Die immer wieder variierte Lüge des schönen Scheins kann sich, zumindest in ihrer Unverfrorenheit, mit den beschriebenen Lügen der sozialistischen Agitation messen - als Propaganda des Marktes, die einen beträchtlichen Raum in den Medien einnimmt.

Bunte Bilder haben wie gesagt das alte ND abgelöst, aber sie kultivieren mehr und mehr eine Brutalität als Prinzip des Miteinanders, welches den latenten Wertekanon dieser Gesellschaft mit Füßen tritt. Geiz ist eben geil heutzutage, und so ordinär klingt auch dieses Herausgebrüllte. Seelenlos-dümmliche Schnellsprecher werden mit millionenschweren Kampagnen als neue Sympathieträger dieser Gesellschaft zelebriert.

Hantierte man Mitte der zweiten Hälfte des vergangenen Jahrhunderts noch mit dem Wort "neu" als wichtigstem Werbewort, so haben dies inzwischen die Worte „geil“ und "clever" abgelöst, was soviel heißt wie "in taktisch geschickter Weise vorgehend", aber in Wahrheit meint: Tritt alle neben Dir in den Staub, spucke drauf, gehe Deinen Weg ohne Rücksicht auf Kollateralschäden. Im Großraumkino werden derweil Sex & Crime in der Vorfilmwerbung skrupellos auf Kinder losgelassen. Die Kunden von morgen. Gewaltdarstellungen von vorangekündigten P-18-Filmen prasseln auf Kinder ein, die sich einen neuen Disneyfilm ansehen möchten. "Selber schuld! Sie brauchen ja nicht reinzugehen..." Verantwortung?

Eine große deutsche Bank kultiviert derweil den Neidkomplex und die maßlose Verschwendungssucht bei den oberen Zehntausend: "Warum hat mein Nachbar diesen und jenen Luxus und ich nicht?" wird da ungestraft öffentlich gefragt. Bald wird wohl eine Werbefilm auf den Markt kommen, wo ein 18-jähriger Gründer fragt: "Warum hat mein Nachbar eine Boing 747 und ich nicht?" Menschen sind schon lange keine Menschen mehr, sondern Humankapital.

Vergleichsweise harmlos wirkt da doch die Werbe-Frage eines Telefonherstellers: "Was, kein Handy? Aus dem wird nie etwas!" Menschen, die ihren Kindern einfach keines kaufen können, weil ihnen das Geld fehlt, werden solche Fragen nicht unbedingt selbstbewusster machen, ist zu vermuten. Tja, die gehören eben nicht zur "Zielgruppe". Für Werbeagenturen ist die Zielgruppe die Zahlgruppe und schlägt als solche alle Bedenken buchstäblich über Bord, wie oben beschrieben.

Ein bauchmiezelnd als „Kaffeeröster“ bezeichnetes Unternehmen hat seine Zielgruppe dazu animiert, die am Existenzminimum herum vegetierenden Kaffeebauern der dritten Welt zu schminken und mit bunten Folklorekleidern für ein paar Fernsehsekunden zu glücklichen Menschen zu machen. Unser Kaffee wächst im Paradies. Wahrscheinlich hat die Frau des Vorstandsvorsitzenden einen Hilfsfond für hungerleidende Kinder begründen müssen, um die Integrität deutschen Unternehmertums zu suggerieren.

Was Pharmariesen an Scheinprodukten entwickeln, Fleischverarbeiter an Schweinereien verbergen oder Ölkonzerne in Afrika tun, man bohrt lieber nicht tiefer nach. Eine Oma, die im Abwaschwasser U-Boot fährt, ist mir lieber als ein Kunde von Nobelkarossen, die optisch immer mehr Schützenpanzerwagen gleichen.

Grinsende Glücksfressen von Werbeplakaten, über die keiner mehr wirklich lachen oder sich freuen kann. Verbalinjurien von Elektronikmärkten für die ganz unten. Radiotrailer, deren Tremoli die Schmerzgrenze bemühen. Der Mensch der Postmoderne soll ein Cleverle sein, ein kalter und gerissen-bauernschlauer Dummbeutel. Der frisst und scheißt ohne nachzufragen. Mittlerweile ist die deutsche Werbelandschaft eher noch verheerender geraten. In Wahrheit verbreitet sie die Verachtung menschlicher Würde und Integrität. Wieviel Tantiemen erhalten eigentlich die Mitglieder des Deutschen Werberats von diesen Konzernen? Keine? Dann wundert mich die notorische Zahmheit Ihres Vereins. Ist auch er nur ein FEIGENBLATT?

10. Diese fiesen kleinen Dinger

Fummeln kann man bekanntlich nicht nur am Verschluss des Büstenhalters, an der Gürtelschnalle, am missraten verknoteten Schnürsenkel oder noch woanders, sondern auch an überaus lästigen Preisaufklebern. Ein echtes Rudiment der Marktwirtschaft. Jeder kennt das: Man hat sein Weihnachtsgeschenk gerade mühselig und schön verpackt, so mit Glanzpapier, Tüdel, Troddel und Spirelli-Geschenkband. Ei wie schön. Da sinkt die Kinnlade plötzlich nach unten: "Himmel, Arsch und Wolkenbruch, ich habe vergessen, den Preisaufkleber vorher abzufriemeln!"

Also alles noch mal aufreißen. Man könnte das winzige Ding ja einfach mit einem schwarzen Edding übermalen. Aber nein, wie sieht denn das aus! Also mit Fingernagel, Messer oder Rasierer vorsichtig ablösen. Was manchmal zum Verzweifeln schwierig ist. Einfach herunterziehen gelingt nur selten. Warum dem winzigen Papierschildchen eine verschönerte Form wie zum Beispiel der eines Küchenbretts gegeben wurde, entzieht sich meinem Verständnis. Als Entschuldigung dafür, dass es so schwer ab geht?

Nun ja, das Nervenkostüm ist inzwischen jedenfalls leicht lädiert. Die zweite Verpackungskunst ist dann ziemlich weit vom Verpackungskünstler Christo entfernt und gerät weit weniger sorgfältig. Papier drum, Tesafilm drauf und gut. Mit Wut im Bauch lässt die Liebe zum Detail deutlich nach. Das Ding ist immerhin ab, aber gefühlt muss das Ganze jetzt schnell hinter sich gebracht werden.

Hat man ein Produkt für sich selbst erworben, macht das fiese kleine Ding ebenfalls richtig Ärger, wenn es zum Beispiel genau auf eine wichtige Produktinformation geklebt worden ist. Mitten auf "fettiges Haar" oder "trockenes Haar" zum Beispiel. Oder auf die 3 von "3 Esslöffel Mehl". Oder auf den Titel oder den Interpreten einer Musik-CD. Welcher Wolfgang ist es denn nun? Petry oder Mozart? Auf die Kalorientabelle oder auf das Haltbarkeitsdatum. Alles Konsumentenalltag.

Also wieder fummeln, rubbeln, schaben und kratzen. Ist das Papierchen aber endlich ab, zeigt sich diese hundsgemeine stumpfe Schicht aus einer Art Kleber, den frustrierteste Chemiker zusammengebraut haben müssen. Denn er geht einfach furchtbar schlecht ab. Nicht selten rennt man mit einer am Finger hängenden Folie durch Gegend, in der sich kurz vorher noch Leberkäse- oder Tilsiterscheiben befunden haben. Denn nicht jeder hat gleich Brennspiritus oder Waschbenzin im Küchenschrank zu stehen.

Noch nach Jahren kann es passieren, dass man ins CD-Regal fasst und es plötzlich irgendwie am Finger Fäden zieht. Vielleicht war es ja das Album "Sticky Fingers" von den Rolling Stones. Die Preisschildchen sind summa summarum ein echter "Schild"-Bürgerstreich. Naja, das sind eben die klebrigen Fäden des kleinen Mannes. Die großen Fäden ziehen andere. Es sind die großen Lebensmittelkonzerne und ihre Handelsketten mit ihren verdammten Preisaufklebern. Man müsste ihnen eine kleben!

11. Der „schönste“ Druckfehler der DDR-Geschichte

Als ich damals noch in einer Druckerei arbeitete, druckten wir heimlich das Wort „Einwickelpapier“ über den Zeitungs-Titel einer Ausgabe des Neuen Deutschlands. Das war doppelsinnig gemeint. Fische und Menschen. Wäre das herausgekommen, hätte die Stasi vor der Tür gestanden, die Konsequenzen wären unabsehbar gewesen.

Wir druckten dort auch das periodische Hochglanzheft „DDR-Sport“ in französisch, spanisch, englisch, serbokroatisch, portugiesisch. Dieses jubelte den Sport der DDR schönfärberisch und verlogen unerträglich hoch, garniert mit allzu bunten Bildern. Als ich mich über diesen Umstand in einem klagenden Brief an den Chef des DTSB Manfred Ewald, Honecker-Vertrauter und Chef des Nationalen Olympischen Komitees, wandte, wurde ich zum Betriebsdirektor zitiert. Der drohte mit Entlassung, wenn dies noch einmal vorkomme. Dabei hatte ich noch großes Glück, manch anderer wäre wohl hinter Gittern gelandet.

Unter Zeitungsleuten bedeutet eine „journalistische Kostbarkeit“, wenn ein ungewollter Druckfehler oder eine stilistische Ungeschicktheit abgedruckt worden ist, der bzw. die Heiterkeit oder einen kuriosen Doppelsinn erzeugte. Und in manchen Fällen auch die unbeabsichtigte Wahrheit. Das schönste Beispiel dafür geschah im Jahre 1984 und erschien in der Betriebszeitung des SKET, des Schwermaschinenbau-Kombinates „Ernst Thälmann“ in Magdeburg. Bis heute ist ungeklärt, ob das absichtlich oder nicht passiert ist. Es ist jedenfalls fast zu schön, um wahr zu sein. Aber es ist wahr. Ich denke, mehr als die halbe Republik hat darüber gelacht:

35 Jahre DDR - Für den sicheren Schutz der Arbeiter-und-Mauern-Macht

2. Hundertschaft des Kampfgruppenbataillons „Ernst Brandt":

Gut auf die Abschluß-überprüfung vorbereitet

September 1984 war für
nheiten des Kampfgrup-

Einer mäht immer

Endlich im Garten
Raus aus dem Zimmer
Musst du nicht warten:
Einer mäht immer

Ziehst aus die Schuhe
Ganz ohne Schimmer
Endlich mal Ruhe?
Einer mäht immer

Guckst in die Runde
Kommt es noch schlimmer?
Stunde um Stunde:
Einer mäht immer

Schon wieder geht´s los:
Moped mit Krümmer?
Ob Gras oder Moos:
Einer mäht immer

Elende Hitze
Mückengeflimmer:
Das sind nur Witze
Einer mäht immer

Du denkst, das geht nicht
Das glaubt man nimmer:
Dieser Mann mäht nicht
Der hat nen Trimmer!

Stimmung am Ende
Nerven nur Trümmer
Ende Gelände
Einer mäht immer

Ha! Jetzt DEIN Mäher
Pfeif aufs Gewimmer
Scheiß auf die Späher
EINER mäht immer

12. Hilfe, ich werde alt!

Weil nach vorn zu schauen nicht mehr soviel hergibt, schaut man öfter einmal zurück, je älter man wird. Keine Bange, jetzt kommt kein Altersjammern. Hoffentlich. Aber natürlich, jeder hofft, dass da noch etwas kommt, dass da noch etwas ist, dass sie oder er noch so lange wie möglich lebt. Partner, Kinder, Familie, Freunde, Hobbys, Bücher, gutes Essen, Vergnügen, Abenteuer, Reisen und andere Überraschungen – man möchte das auch in Zukunft nicht missen, wenn man 68 Jahre alt ist wie ich. Wenn der Becher des Lebens zur Neige geht, muss der letzte Tropfen nicht schal schmecken. Nein, die schwere Essenz, die sich da sammelt, hat Würze und Süße wie zum Beispiel Eiswein, dessen Trauben auch erst sehr spät beim ersten Frost geerntet werden.

Da ist jedenfalls viel drin, und es lohnt sich, es auszukosten. Aber es hat sich nicht nur im Becher, sondern inzwischen auch viel oberhalb der Augenbrauen angesammelt, das man nur schlecht verdrängen kann. Und auch gar nicht will. Denn das Erfahrene, Widerfahrene und Erlebte kann einen Menschen nach dem Erfühlen auch irgendwie erfüllen. Selbst wenn es manchmal ein Ertragen oder Erdulden war. Der etwas Traurigere bekommt zwar eine krause Stirn - aus Trauer, Wehmut, Reue, Bedauern oder Selbstkritik. Vielleicht auch, weil er kein besonders optimistischer Mensch ist.

Aber wenn all das seine innere Würde nicht angreift, dann befällt auch ihn ein zaghaftes Lächeln im Rückblick aller oft nur allzu menschlichen Turbulenzen. Ein stilles Lächeln der Freude über den Erfahrungsschatz, über die Zuneigung zu und von so vielen Menschen und über die Dankbarkeit gegenüber dem Leben im Allgemeinen und ganz bestimmten Menschen im Besonderen. Auch wenn nicht alles eitel Sonnenschein war im Leben, so hat man doch nie vergessen, dass alle Brüche, Verfehlungen, Versäumnisse, das ganze Auf und Ab der „Mühen der Ebene“ voller Energie, Spannung, Schönheit waren und einen wertvollen Schatz dieser Erfahrung darstellen.

Der oder das, was da über uns zu sein scheint, hat uns als Menschen wohl nicht umsonst exakt in die Mitte zwischen Mikro- und Makrokosmos gestellt. An den spannendsten Punkt überhaupt. Wir schauen nach oben und in uns hinein. Es sind nur ein paar Momente, die wir auf dieser Erde herumwatscheln dürfen, aber die haben es in sich. Wie sang doch die Band „Lift“ in der DDR: „Jeder Tag ist offen wie ein Krug. Jeden Morgen neu, dass er sich füllt. Ist er dann am Abend voll genug, wird der Durst der Träume gestillt.

Einer schenkt Wasser, einer schenkt Wein – tagtäglich sich ein.“ Das Leben will ausgefüllt sein. Denn ganz am Ende geht es um Trost, um weiter nichts als Trost. Je mehr man aus seinem Leben gemacht hat oder versucht hat zu machen, desto größer ist die Chance, dass sich in das Trostbedürfnis auch ein paar Momente der Dankbarkeit, Zufriedenheit und Demut vor dem großen Lauf der Zeit mischen. Und mit dem „das Leben füllen“ ist nicht das plakative „Haus bauen, Baum pflanzen und Kind zeugen“ gemeint, denn so einfach gestrickt ist das Leben nicht, da gibt es einfach eine Unmenge mehr Möglichkeiten von Sinn. Und selbst sein Gegenteil, Unsinn, gehört mitunter dazu.

Neulich sehnte ich mich nach dem mit jedem Schritt lauter werdenden Kinderlachen vom fernen Badesee. Es ist diese sich niemals erfüllende Sehnsucht nach der unbeschwerten Kindheit und Jugend, die das Älterwerden begleitet. Diese diffuse Sehnsucht, die uns in stillen Momenten befällt, ist eine Mischung aus gezähmtem Sentiment und beinahe heiterer Melancholie. Es ist die schaurige und doch ein gewisses Lächeln in sich tragende Gewissheit des Niemals-Wiederkehrens. Die Jugend hatte hiernach eine nie wieder erreichte Freiheit des Geistes, des Gefühls und der Tat, deren einziger Mangel Erfahrung hieß.

Ich selbst erinnere mich, mit 15 oder 16 zwei ziemlich kraftvolle, rebellische und vor Fantasie strotzende, längere Texte verfasst zu haben, soviel eigenes Schulterklopfen muss sein: Eine flammende Anklage der bestehenden politischen Verhältnisse mit Blick auf die gleichgeschaltete FDJ, die Freie Deutsche Jugend, die als Organisation alles andere als frei war. Und eine ambitionierte Science Fiction Story voller Abenteuer in einem System in sich geschachtelter Welten, Universen. Ich war damals von Stanislaw Lems „Sterntagebüchern“ begeistert und inspiriert, die ja neben der intellektuellen Fulminanz auch feinsten Humor und skurrile Philosophie beinhalteten. Meine beiden Texte hat mein alter Herr leider vernichtet. Obwohl sein bester Freund, ein belesener Akademiker, davon sehr angetan war. Ich weiß bis heute nicht, warum dies wirklich geschah und möchte deshalb auch nicht den Stab über das Verhalten meines Vaters brechen.

Die kostbare Unbefangenheit, die Unbedarftheit und die Versuchung des erstmaligen Kostens des Unbekannten gebar ein Maß an ursprünglicher Schöpferkraft, an ungetrübter Ideenfreude, an innozenter Schönheit und spielerischer Spontaneität. Diese freie Frische konnte die spätere, von gesellschaftlicher Gebundenheit, äußerer Begrenzung und Selbstdisziplin geprägte Reife kaum je oder nur mit angestrengt erlerntem Bildungskanon erreichen. Da waren viele Spitzen bereits abgebrochen, viele Gewürze bereits Gewohnheit, manches schon abgeschmackt und der Strahlkraft des ersten Entdeckens beraubt. Die süße jugendliche Kreativität jedenfalls wurde nur selten festgehalten, verewigt. Dies war nur wenigen Genies vorbehalten.

Älter werden ist wie ein Sieb zu sein, dessen Löcher sich mit den Jahren weiten. Die Kardinalfrage ist: Was bleibt eben trotzdem hängen? Als man jung war, war das Sieb noch eine Schüssel. Alles wurde aufgefangen, so gut wie alles blieb drin. Außer das, was verdampfte oder überlief. Wenn es gut ging, waren das Verdampfende und das Überlaufende das Verzichtbare, waren es die weniger guten Erfahrungen, darunter manche bösen Erinnerungen. Manchmal aber hinterließen diese Blessuren waren sie drastischer Natur, eben eine Beule in der Schüssel oder etwas Eingebranntes.

Aber die Hauptmenge war bei glücklicheren Gemütern eben würzig, interessant, süß, vielseitig und neu, selbst wenn sich auch bei ihnen ein wenig Saures und Bitteres in den Lebensbrei mischte. So ziemlich parallel setzt dann schon früh der Prozess ein, die Schüssel fortwährend in ein Sieb zu entleeren. Was in der Jugend aber eben noch sehr engmaschig ist. Was schließlich haften und hängen bleibt und wovon man sich entledigt – das macht schlussendlich, gemischt mit unseren genuinen Charaktereigenschaften, unsere Persönlichkeit aus. Selbst das, was uns unsere Eltern, Lehrer, Geschwister, Verwandten, Freunde beibringen wollten, kommt alles ins große Lebenssieb. Was dort drin bleibt, ist im Augenblick fürs

Kröpfchen und später fürs Töpfchen. Was aber durchfällt, ist weg. Oft ist das gut so, manchmal aber auch ein Verlust.

Nun, es geht also von der frischen, ja herzerfrischenden und schillernd bunten Jugend zunehmend in eine eher graue, befangene Abgeklärtheit über. Wer Glück hat, kann sich ein paar Farben und ein wenig Frische, ein bisschen Fragemut und Begeisterungsfähigkeit des Jungseins mit hinüber in das Älterwerden nehmen. Wer sich das bewahrt hat, ist nicht selten ein humorvoller, freundlicher und zuversichtlicher Mensch. Was verloren gegangen ist, gleicht er mit einem oder mehreren Quäntchen Wissen und in seltenen Fällen sogar mit einer Portion Weisheit aus.

Älter zu werden ist weiterhin das Erkennen eines gewissen Wertes möglicher oder tatsächlicher Einsamkeit. Die immer wiederkehrenden Gesänge der Jovialität, der zwanghaften Geselligkeit werden zunehmend langweilig, sie verlieren an Reiz. Das gilt auch für die Freizeitbeschäftigungen, die im Rahmen des Prinzips „Brot und Spiele“ vom Wesentlichen ablenken sollen. Zum Beispiel vom kritischen Denken oder gar aufbegehren oder rebellieren. Sie sollen den Alltag ausfüllen, wenn es zu eigenen schöpferischen Gedanken nicht reicht. Jung bleibt man nicht mit glatter Haut und Muskeln und schlanker Gestalt, jung bleibt man im Herz, im Kopf und in der Seele. Schon Joseph von Westphalen stellte fest: „Viele Menschen pflegen ihren Körper, nur wenige ihren Geist.“

Alt zu werden heißt sich auf den Weg zu machen, auszukehren, um einzukehren. Durch die letzte aller Türen. Das Himmels- oder das Höllentor. Im Vorfeld kommt es zu einer Verdichtung des eigenen Wertekanons und dessen, was man für wesentlich in diesem Leben hält. Was bleibt? Diese Verdichtung bedeutet zugleich ein Abschütteln kleiner Karos. Eine Konzentration auf das Wichtige und Wahrhaftige. Wie schon in der Kindheit ist es auch im Alter: Der Begriff Trost gewinnt an Bedeutung. Jeder Mensch braucht dann Trost.

Im Augenblick der Geburt kapieren wir noch nicht, was denn diese ganze komische Welt, dieses ganz Dasein überhaupt bedeutet. Im Zeichen des herannahenden Todes kapieren wir wiederum nicht, was uns denn nun schon wieder erwartet. Man kommt ans Licht der Welt und fährt in einen Tunnel der Bedingtheit und Begrenztheit, an dessen Ende wir uns alle wiederum das große Licht wünschen.

Und während des Lebens? Kapieren wir auch so gut wie nichts. Wir sind viel zu viel beschäftigt, mit Familie, Beruf, Freizeit – Verpflichtungen, Beziehungen, Wohlstand und Spaßfaktoren. All diese Karos werden im Alter ziemlich klein. Nur die Liebe wird nicht kleiner. Sie hat eine Sonderstellung. Es kommt in diesem Zusammenhang zu einer Sortierung von Nähe.

Aber Nebensachen und Nichtigkeiten wie Fußball, Weichspüler, die Korrektheit des Vorgartens, Reparaturterminverschiebungen, Bügelbretter, Tortenglasur, Facebook und Instagram, gesunde Ernährung, Fernsehprogramme oder der Spülmittelnachkauf geraten in den Hintergrund, werden bedeutungslos. Noch später werden selbst Jahreszeiten, Kriege, Nachrichten oder Umweltkatastrophen unwichtig.

Die nachlassende Gesundheit nimmt man hin, man erträgt sie. Sich ein Leben lang fast ausschließlich nur mit ihr zu befassen, um noch ein paar Tage, Wochen oder Jahre mehr herauszuschinden, raubt in Wahrheit kostbare Lebenszeit, wenn man sie noch zu nutzen in der Lage ist. Was nützen ein paar mehr Jahre des Dahinsiechens, wenn man vorher nichts oder zu wenig aus seiner knappen Zeit gemacht hat? Vergrößerte Prostata, Rückenschmerzen, Nackenversteifung, gerissene Sehnen im Oberarm, Übergewicht, Hautprobleme, Heuschnupfen oder Herpes – na und?

Nichtsdestoweniger sortiert sich alles mit zunehmendem Alter, und das meiste wird aussortiert. Das alles muss keinen Verlust an Lebensqualität bedeuten. Denn wichtiger werden im Alter herrliche Wutausbrüche, bis ins Knochenmark durchdringende Blicke, unerwartete Sanftheit, die durch nichts zerstörbare Freundlichkeit zu Kindern, eine Verfeinerung des Geschmacks und der Genussfähigkeit, plötzliche Häuslichkeitsallergie und der ins Leben tretende Weltgeist, manchmal auch Gott genannt.

Denn wenn das Äußere verlustig geht, bleibt den Glücklicheren immer noch das Innere. Manchmal gilt man dann als wunderlich, kauzig oder sonderbar. Die Jüngeren wissen sich nicht anders zu helfen, als solche alternden Menschen zu belächeln. Gutmütig oder abfällig, je nach dem, wer es tut. Das macht aber nichts, darauf kommt es nicht an.

Marcel Proust und in der Folge auch Arno Schmidt sagten, mit dem Älterwerden beginne die Suche nach der verlorenen Zeit. Sie meinten damit weniger die Tristesse über verpasste Chancen und Gelegenheiten, sondern die zunehmende Suche nach der Wahrheit, die bleibt. Die Suche nach dem Sinn. Älterwerden ist ja mit der anzustrebenden Reife gerade das Überwinden der Angst, etwas verpasst zu haben. Denn der Tod soll möglichst ohne Kaiserschnitt kommen. Besser mit Würde, Güte, Weisheit, Ausgeglichenheit und selbst mit einer gewissen Schönheit. Sich schlussendlich aber auch noch HEITER auf die Bahre zu legen – dies ist das höchste, wenn auch aberwitzige und schier unerreichbare Ideal. Wohl dem, der es erfüllen kann.

Stichwort heiter. Zum Schluss meiner Absonderungen zum Thema „alt“ möchte ich noch einen gesonderten, nicht ganz ernst gemeinten, leichteren Text anfügen, der sich mit dem sprachlichen Umgang mit uns alten Knackern beschäftigt:

Deine Wortwahl, alter Schwede!

Wir, die wir als Männer gelten wollen, haben einen seltsamen Umgang mit dem Eigenschaftswort alt, wenn wir es auf eine Person beziehen. Und das machen wir nicht selten: „Altes Haus“ oder „alter Junge“ zum Beispiel gilt schon fast als Auszeichnung: Wir sagen es zu einem guten Bekannten oder Freund. Und auch „alter Schwede“ ist nicht nur eine Bezeichnung für einen mecklenburgischen Käse, sondern auch für einen Vertrauten aus fröhlichen alten Tagen.

Das häufig verwendete „alter Sack“ stellt fast schon eine kameradschaftliche Anerkennung dar. Selbst das noch drastischere „alte Sau“ kann angesichts eines schlüpfrigen Witzes noch halb verständnisvoll gemeint sein oder süffisant an gemeinsame zwielichtige Erlebnisse erinnern.

Das direkt an jemanden gerichtete und im Wortsinn unbelastete „alter Freund“ dagegen kann ein mit ernsthaftem Unterton verkündeter, verbaler Zeigefinger sein – man schiebt es gern einer Mahnung oder Drohung nach. Glücklicherweise ist „alter Nerd“ oder „alter Hipster“ noch nicht ganz so verbreitet. In den meisten Fällen jedenfalls ist ein auf männliche Personen bezogenes „alt“ positiv besetzt. Schon junge Männer sprechen sich nicht selten mit einen schulterklopfenden „Hey, Alter!“ an.

Ein ganz anderes Bild ergibt sich, wenn Männer das andere Geschlecht meinen. Sie verwenden dann ebenfalls gern das Wörtchen „alt“, allerdings nicht direkt, sondern meistens in der schön distanzierten dritten Person. Ein „altes Mädchen“ ist dabei beileibe nicht die Entsprechung von „alter Junge“, und „alte Jungfer“ im Grunde auch nicht wirklich.

Einen Mann „altes Schlachtschiff“ zu nennen, ist ehrenvoll, aber weiblichen Besuch mit „Hallo, alte Fregatte!“ zu begrüßen, ist unüblich. Ja, kompromittierend bis peinlich. Oder eben ehrlich. Andere sprechen in Abwesenheit der gemeinten Dame manchmal auch von einer „alten Schrapnelle“, wenn sie eine „alte Schabracke“ meinen. Von einer „alten Matrone“ oder „alten Xanthippe“ ganz zu schweigen. In der Wortwahl kann man(n) jedenfalls ganz schön alt aussehen. Fragen Sie mal Ihr Alter Ego. Meint ein alter Knacker. Der sich noch frisch, wenn auch nicht mehr knackfrisch fühlt.

13. Schüttelreime

Haben Sie schon einmal versucht, einen eigenen Schüttelreim zu schreiben? Das ist gar nicht so einfach, denn ein solches Konstrukt muss wie bei einem Gedicht einem exakten Versrhythmus genügen, zweitens der genauen Umkehrung von zwei Buchstaben, die jeweils im Versrhythmus anfangs der Silbe oder des Wortes stehen, entsprechen und drittens auch noch einen gewissen Sinn ergeben, sei er sachlich, humorvoll oder wie auch immer. Die folgenden fünf Schüttelreime sollen Sie anregen, es vielleicht selbst einmal zu versuchen:

Laufen durch den Birkenwald
fängt schon an zu wirken bald.

***

Für den Baumkuchen
nimmt man kaum Buchen.

***

Geh`n die Mücken ran,
kratzt den Rücken man.

***

Im Flohmarkt die Handtasche
zu suchen ist Tandhasche.

***

Die Kellnerin ist nicht versiert,
wenn sie die Suppe kalt serviert.

14. Zwischen Stimmungsmusik und Klang – nicht nur Kinder können hören lernen

Deutschland ist ein Land des Feierns. Wir waren Papst und sind Feierweltmeister. Irgendeine Sau wird hierzulande immer durchs Dorf und ein Ferkel durch die Stadt getrieben. Wenn nicht einem abgehalfterten Altstar aus dem Westen auf die Bühne geholfen wird, wenn nicht irgendein 37. Jubiläum ansteht und auch keines der „Schützenfeste“ genannten, dumpfen Saufgelage stattfindet, ist es eben die fröhliche Gartenparty, die her muss.

Nun denn, es sei den Leuten gegönnt. Wer feste arbeitet, soll auch Feste feiern. Die Party an sich ist aber offenbar auch dazu da, sich von sinnvolleren Beschäftigungen abzulenken, denn immer taucht da nach ein paar geleerten Jägermeisterflaschen der bekannte Imperativ auf: „Mach doch mal einer Stimmungsmusik!“ Eingeweihte wissen, worum es sich dabei handelt. Ich nicht, ich ahne es nur. Spätestens dann jedenfalls ist das der Augenblick, wo man schleunigst das Weite suchen sollte.

Denn „machen“ heißt hier nicht etwa, selber Musik mit der Hand zu machen. Vielmehr sitzen dann ganz schnell Zeitgenossen an der Beschallungstechnik, die ihren Musikgeschmack auf dem Karussellplatz erworben zu haben scheinen. Niveau runter, Lautstärkeregler mit der Rohrzange hoch. Die Zahl der Kümmerlinge ist der Musikqualität umgekehrt proportional. Es herrscht die ungeschriebene Regel des kleinsten gemeinsamen Vielfachen. Drunter geht nix mehr. Wenn die Sonne der Kultur niedrig steht, werfen eben auch Zwerge lange Schatten.

Um in „Stimmung“ zu kommen, braucht es nicht viel: Wenn Toni Marshall und Achim Mentzel gerade noch zu vermeiden sind, müssen Chris de Burgh oder Ute Freudenberg her. „Jugendliebe“ zum Beispiel ist der Beweis, dass, was lange währt, auch schlecht werden kann. Statt Ohrenschmaus eher Ohren-Schmalz. Singen kann zwar keiner der Partygäste mehr, aber die ersten zwei Worte des (Er)schlagers mitgrölen und den Rest mitlallen, das geht gerade noch. „Stimmung“ kann also niemals von Stimme kommen. Helene Fischer oder Andrea Berg haben Hochkonjunktur aus unterster Schublade heraus.

So gelangt die Party jedenfalls langsam aber sicher auf ihren Tiefpunkt. Der wird als zweifelhafter Höhepunkt gestaltet: Die flächendeckende Unsitte des privaten Feuerwerks weckt rührselige Restbegeisterung aus leeren und blutunterlaufenen, in den Himmel starrenden Blicken. „Ist das schöööön."
Deutschland hat gefeiert.
Ja, wir haben feste Feiern und können Feste feiern. Manche schreiben auch beides klein. Bei diesem Thema ist das Deutsche also sehr tolerant. Doch wie sagte schon Wagner zu Goethes Faust? „Mein Euch, Herr Doktor, zu spazieren, ist ehrenvoll und ist Gewinn – doch würd ich nicht allein mich her verlieren – da ich ein Feind von allem Rohen bin – das Fiedeln, Schreien Kegelschieben – ist mir ein gar verhasster Klang – sie toben wie vom bösen Geist getrieben – und nennen´s Freude, nennen´s Gesang."

Tja, die von Wagner gemeinte, verzweifelte deutsche Feierwut hatte durch das Corona-Virus einen herben Rückschlag erfahren müssen. Beinahe schon hatte man die Intensität von Massenbespaßungen anderer Länder wie die der Tomatenschlachten in Spanien erreicht, da kam Covid 19. Das unentwegte Torkeln von einem Stadtfest zum nächsten Bürgerfest, von einer Party zur nächsten „Bardie", vom einen 35-Jahre-Jubiläum zur nächsten zurechtgedrechselten xyz-Sause hatte zunächst ein Ende. Oder sollte es zumindest.

Tiefpunkte der auf einem Feigenblatt notierten Begründung „Kultur und Brauchtum" für billige Jahrmärkte der Eitelkeiten waren und sind die Oktoberfeste und sonstigen Gaudis, da man mangels eigener Identität aus Südwestdeutschland importierte. Da könnte man den eingangs zitierten Wagner von Goethe folgerichtig und zeitgemäß ergänzen:

Ganz plötzlich sind sie alle Bayern,
mit schlaffem Lederhosenarsch,
mit Filzhut und mit dicken Eiern,
blau blasen sie blauweiß den Marsch.

So falsch sie lachen, laut sie grölen,
andere ins Bockshorn jagen:

Sie wollen nur die Stimme ölen
um zu prahlen, nichts zu sagen.

Das Almgedudel lässt sie juchen,
mit tiefem Blick ins Dekolleté.
„Oi, die Versuchung mal versuchen?"
Doch schließlich kleinlaut dann: „Och ne."

Das Festzelt brennt, die Masse wabert.
Gestank und Krach durchdringen sich.
Ein Lederhosenträger labert.
Der Rest, ja er erledigt sich.

Die Welt ist Klang, hat Prof. Joachim Ernst Behrendt in seinem Kompendium „Nada Brahma" einmal befunden und den Klängen von Sternen, Gräsern, Gegenständen und natürlich auch Musikinstrumenten und Stimmen nachgelauscht. „Kannst Du nicht hören?!" So schreit die Mama manchmal ihr Kind an, wenn es nicht gehorcht. Das Kind kann sehr wohl hören, aber es will nicht gehorchen. Aber richtiges Hören will gelernt sein. Es ist mehr als nur das Wahrnehmen von Lauten und des Lauten. Können denn wir Erwachsenen wirklich richtig „hören"? Die bei „Horch und guck" in der DDR jedenfalls hatten auch nicht das Nonplusultra des kultivierten Hörens erfunden.

Es geht immerhin um die sensibelsten unserer Sinnesorgane, die Ohren, welche bei der beschriebenen Mama vielleicht ebenso unterentwickelt sind wie bei ihrem Sohnematz. Gehört sie zu jener Mehrheit der Bevölkerung, die den in dieser Gesellschaft alles überlagernden Reizen des Schauens erlegen ist und ihre anatomischen Hörmuscheln beharrlich vernachlässigt? TV, Internet, Handy, die asozialen Medien und die Werbewelt der Shoppingcenter kippen eimerweise bunten Geräusche-Quatsch in das Hamsterrad des Lebens, der andere Möglichkeiten des Wahrnehmens einfach zukleistert.

Wenn bei vielen Menschen überhaupt noch ein wenig Ohr, dann bleibt nur der dröhnende Dudelfunk mit seiner Karussellplatzmusik, die kaum noch von der sie unterbrechenden Werbung unterscheidbar ist. MDR Figaro, D-Radio Kultur oder der Deutschlandfunk sind weitgehend unbekannt. Man hört FFN oder SAW. SAWeeh. Denn es tut tatsächlich sehr weh, sich das reinzuziehen! Schlimmer geht nimmer und das ist wirklich mehr als nur eine Geschmacksfrage.

Ins Konzert gehen viele Menschen denn auch nur, um sich ihre Hörgewohnheiten bestätigen zu lassen. Dabei ist die Reizempfindlichkeit des Hörens nachweislich um einige Tausend Mal höher als die des Sehens. Tonfrequenzen und Geräusche aller Art nebst ihrer qualifiziertesten Form - der Musik - geben viel mehr her als das gesamte Farbspektrum mit allen seinen Spielarten. Sie fordern unsere Fantasie, unsere Empfindsamkeit, unsere Schöpferkraft mehr als jede Bildgebung heraus. Die Welt des Klangs durchdringt Körper und Seele. Wenn wir singen, spüren wir dies am deutlichsten. Da wo man singt, da lass dich nieder, denn böse Menschen haben keine Lieder, heißt es. Wenn dies stimmt, ist es um diese Gesellschaft nicht gut bestellt, denn in welcher Familie wird heute noch gesungen?

Es gibt zu viele Empfangende und zu wenige Sendende. Nicht nur das Weihnachtsfest bietet Gelegenheit, dies ein wenig abzuändern. Singen kann man auf dem Fahrrad, beim Spazieren, auf den Klo und in der Wanne, in der Küche – im Grunde überall. Außer wenn FFN läuft. Da kommt einem das Essen wieder hoch in die Kehle. Singen geht da nicht mehr. Wohl dem, der ein Instrument erlernt hat, das ist eine Alternative für den, der nicht singen möchte oder kann. Und wenn gar nichts geht, gibt es die Sendung „Klassik Pop Etcetera“ jeden Samstag im Deutschlandfunk. Eine Stunde musikalische Überraschungen, aber auch gutes Bekanntes. Anregungen, nachzuhören. Hinzuhören. Zuzuhören. Denn zur Augenweide gehört auch der Ohrenschmaus.

Früh im Holz

Knorrig federnd hohles Klopfen
durch die feuchten Kiefern schallt.
Lustig schimmern Perlentropfen
kühl im morgendlichen Wald.

Dunst und Tau das Ried bedecken.
Etwas raschelt leise weg.
Nahes Krächzen lässt erschrecken.
Silberlaub friert still am Weg.

Der Sonne lichter Nebelstreif
hat mich hier und da berührt.
Noch hält letzter Frost den Reif.
Forstes Reiz hat mich verführt.

15. Toast und Ei und Tee und Brei

Schon die DDR-Sängerin Angelika Mann wusste es: „Was macht uns wieder friedlich? Ein Essen ganz gemütlich.“ Die schönste aller Mahlzeiten ist dabei wohl das Frühstück, es sei denn, man hat genügend Zeit dafür. Früher Vogel frisst den Wurm. „Noch n Toast und n Ei, und n Kaffee und n Brei.“ Das Wortungetüm „Müsli“ war den Textern dieser Liedzeile bei Karl Dall glücklicherweise noch unbekannt. Bei mir gilt aber auch ohne den klumpigen Babysabbermatsch: „Man isst gut – man ist gut“.

So weit, so gut. Dachte ich. „Mann, ist gut!“, unterbricht mich meine Frau da mit sanfter Bestimmtheit, denn sie hat sich die klumpige Milchbrühe stolz bewahrt und ich würde jedes Mal sowieso viel zu viel Zeit für das frühe Fressfest anberaumen. Denn ich dehne, behauptet sie, zum Beispiel das Umrühren des Zuckers in der Teetasse so unendlich lange aus, bis „haarsträubende“ Geräusche des Schürfens auf dem Tassenboden ihr noch einmal die Kondensmilch und damit auch sie selbst sauer werden lassen. Für mich bringt das fortwährende Kreiseln indessen eine fröhlich klingende, ja klingelnde Ode an die Vorfreude mit sich:

Auf die siebente Tasse Tee, nach der mir ein leiser Windhauch im Ärmel spielen wird. Denn Kaffee dagegen ist ein ordinäres Allerweltsgesöff. Plörre! Lorke! Welch ein Schlürfen des Tees aber nach dem Schürfen des Tassenbodens! Vorher hatte ich noch den makellosen, sanduhrgleichen Berg in der Zuckerdose zusätzlich mit einer wunderschönen Spirale versehen – mit dem Stiel des Zuckerlöffels. Es ist jedes Mal ein innerer Kampf, dieses Kunstwerk sodann mit dem Hineintauchen der Löffelschaufelseite brutal zerstören zu müssen.

Kultiviertes Teetrinken benötigt drei Löffel: den Löffel, mit dem man den losen Tee entnimmt, weiter den Teelöffel und schließlich den Zuckerlöffel. Bleiben wir beim Zuckerlöffel: Immer wieder werde ich dabei ertappt, wie ich – aus Versehen natürlich - mit dem nassen Teelöffel in die Zuckerdose tauche, denn es gibt ja einen Zuckerlöffel. Die Klümpchen, die da entstehen, erleben in kürzester Zeit eine Metamorphose zu mittleren Kieselsteinen, die meiner Partnerin die klassische

Schabowski-Zornfalte ins Gesicht zaubern können. Aber ein gutes Frühstück hat auch etwas mit einem Stück zu tun, wie der Name schon sagt. Mit einem Stück Butter zum Beispiel.

Mein eigener Unterkiefer schiebt sich jedenfalls über die Oberlippe, wenn meine sorgfältig mit einer Gabel auf die jungfräuliche Butteroberfläche gemalte Wellenlinie durch gedankenloses Herumstochern meiner Partnerin mit einem Messer brutal zerstört wird. Ich wollte doch eigentlich, dass das Muster ***niemals*** zerstört werde. „Hast Du denn gar keinen Sinn für Ästhetik?!", frage ich. „Nein, ich will einfach nur frühstücken." Aha. Das macht mich gleich mal pappesatt.
Nicht von Pappe ist auch mein Ungeschick, die „lecker duftenden" Anchovis-Fischröllchen beim Tisch decken mit der Tischdecke jenseits der gedachten, den Küchentisch halbierenden Demarkationslinie gestellt zu haben: Also auf ihre (!) Seite... Ihren Kommentar dazu können Sie sich jetzt mal selbst ausmalen. Ähnlich verhält es sich mit dem raumfüllenden Aroma eines „etwas" weiter gereiften Harzer Käses. Der hat generelles Tischverbot.

Käse finde ich es aber umgekehrt auch, wenn sie dann plötzlich jäh zu ihrem Smartphone greift, um unser so harmonisches Küchengespräch zu unterbrechen und mit ihrer Freundin herzhaft lachend zu plaudern. Blöde gute Laune! War doch gerade so interessant mit Fisch und Käse. Wahrscheinlich geht es bei dem Gespräch um das ideale Frühstück in einer Partnerschaft. Ab jetzt beuge ich mich beim Abbeißen brav und demonstrativ über den Teller, um bloß nicht zu krümeln. Das versöhnt. Auch wenn ich dann mit dem Fischmesser in das Quittengelee fahre.

Solche Probleme hat meine Frau nicht, denn sie hat sich längst auf das eigentliche Frühstücken konzentriert, um sich sogleich den bodenständigen Aufgaben im Haushalt widmen zu können. „Weißt Du eigentlich, dass mir mein Kaffee AUCH ganz gut geschmeckt hat?", fragt sie schließlich noch so nebenbei und kurzatmig. Und mit einem „Kannst Du vielleicht wenigstens das Geschirr abwaschen?!" holt sie mich dann endgültig von „Wolke sieben" der ebenso vielen Tassen Tee wieder zurück auf den Küchenfußboden der Tatsachen. Aber ich freue mich schon auf das nächste Abenteuer am Frühstückstisch. Guten Appetit!

16. Warum wir ein Nichts in Raum und Zeit sind

Dieser Text ist meinem Freund Thomas Muschter gewidmet. Er war einer der klügsten Menschen unserer Zeit und ist im April 2023 verstorben, seinerseits mit Gott.

Wer immer nur nach hinten schaut, sieht nur seinen Schatten. Wer immer nur nach vorn schaut, den macht das Licht blind. Die Wahrheit liegt vielleicht in der Mitte, aber gibt es diese Wahrheit überhaupt? Kann nicht auch die Vergangenheit Licht ausstrahlen und die Zukunft Dunkelheit? Und wo ist die Mitte? Blind machendes Licht ist kein helles, sondern so gleißend und blendend, dass es der Dunkelheit gleichkommt. Menschen, die nicht wissen, wo sie herkommen, wissen auch kaum, wo sie hingehen. Man hat hinten seine Erfahrungen und vorne seine Augen.

Einerseits: Man hat noch kaum einen Menschen rückwärts laufen sehen. Und in irgendeinem Märchen heißt es: Dreh dich nicht um. Keiner kann in die Zukunft schauen, aber es ist der Lauf der Zeit, verwegen ins Ungewisse und Unbekannte zu schreiten. Das war schon immer so und wird immer so bleiben. Alles andere ist sentimentale Träumerei. Beides ist eben wichtig, das Hinten und das Vorne. Aber was ist dazwischen?

Man kann nur in die Vergangenheit schauen, empirisch und schon rein physikalisch. Die Zukunft ist Spekulation oder Fantasie. Unsichtbar. Ein Gespenst? Das Himmelreich? Die Hölle? Wie man es auch betrachten mag, so stimmt doch, dass da vorne unsere Kinder und Kindeskinder herumlaufen werden. Die wir lieben. Das sollte Grund genug sein, mutig ins vermeintlich Unsichtbare zu schauen. Physisch blind, metaphysisch sehend. Wenn auch in einen Fahrtwind, der einem nicht selten den Atem nimmt. Blasen einem da doch manchmal Zuckererbsen ins Gesicht oder zehrt man aus dem schweren, wenn auch bitteren Honig der Vergangenheit?

Allerdings wartet dort irgendwo nur einer mit absoluter Sicherheit: Der Tod. Und der wurde kaum je als hell empfunden. Eher als allzu grell und deshalb meistens ziemlich finster. Aber nicht nur die Wahrnehmung der flüchtigen Gegenwart, die höchst individuell und verzückt-spontan und ambivalent augenblicklich daherkommt, bestimmt unser Dasein. Es ist auch der immerwährende und stetig mit sich selbst kämpfende Wechsel zwischen der Vergangenheit und der Zukunft.

Sinnlich kann man wohl nur das nahe Umfeld des Augenblicks erfahren, sagen manche. Ich bin mir da nicht ganz sicher. Es stimmt, das Jetzt – was auch immer das ist - ist immer das am tiefsten und schönsten Empfundene. Und es hinterlässt zweifellos Spuren. Aber Spuren bezeichnen letztlich doch ein Gestern. Wenn ich Rinderfilet in dunkler Rahmsoße mit Schwarzwurzeln und Kartoffelpuffer esse, dann sage ich nach jedem Bissen „Oh, war das gut!“. Aber selbst wenn ich sage „Oh, das ist gut“, ist es schon geschehen. Der Rest ist Vorfreude auf den nächsten Bissen.

Ehe die Sinne etwas schnallen, ist es schon passiert. Selbst Goethes „Augenblick, der doch verweilen“ möge, ist nur eine Metapher auf die Vergänglichkeit. Eine Allegorie des menschlichen Hin- und Hergerissenseins zwischen gestern und morgen, zwischen Geburt und Tod. Ein Sinnbikd unseres Lebens. Die Gegenwart existiert nicht. Und wenn überhaupt, dann als diffuse Spanne zwischen Erfahrung und Erwartung. Die immer ins Gestern und ins Morgen ragt.

Und wenn diese Spanne dann doch jeden Tag kulminiert in dem, was wir Augenblick nennen, dann ist nichts so flüchtig und unfassbar wie dieser. Der kleinste anzunehmende Moment, der genau dann, wenn er da zu sein scheint, schon wieder verflogen, vergangen, einfach weg ist. Ein Augenblick ist ebenso wenig fassbar wie die ganze Gegenwart. Bestenfalls von Gott oder seinem irdischen Pendant, dem Weltgeist. Der Augenblick ist das kleinste und gleichzeitig größte aller Wesen zwischen Erinnerung und Hoffnung, zwischen Prägung und Ahnung. Man könnte die Hypothese formulieren, dass es ihn gar nicht gibt. Dass er nicht existiert. Dass es ein undefinierbarer Zustand zwischen Vergangenheit und Zukunft ist.

Der Augenblick, der Moment des Jetzts, ist schon vorbei oder noch nicht da. Wenn dieser „Geist“ überhaupt erscheint, dann von allein, meistens unerwartet. Die Sinne bekommen nur dann eine Ahnung des Begriffes Augenblick, wenn sie von ihm überrascht werden. Planbar oder resümierbar ist er nicht.

Vielleicht gibt es ihn, weil nicht definierbar, ja gar nicht. Die Gegenwart, die ihn einschließt, ist eine lediglich überlappende Phase zwischen Vergangenheit und Zukunft. Die wahrscheinlich von Historikern oder Philosophen nur aus Unfähigkeit der Beschreibung oder Faszination des Jetzts erfunden wurde. Natürlich gibt es eine Gegenwart als Epoche, als Zeitabschnitt, als Phase. Aber wer grenzt sie determiniert ein?

Aber von der Hypothese zunächst zur Hypotenuse: Der großartige Christian Morgenstern hat die interessantesten Dreiecke der Welt erfunden. Das folgende Gedicht von ihm beschriebt sie: „Zwei Trichter wandeln durch die Nacht – durch ihres Rumpfs verengten Schacht – fließt weißes Mondlicht – still und heiter – auf ihren Waldweg – und so weiter." Das Gedicht stellt ein kleines, wunderbares Rätsel dar. Bitte stellen Sie sich den Wanderer auf diesem Waldweg vor. Blickt er zurück, sieht er den nach hinten spitz zulaufenden, zurückgelegten Weg als den einen der Trichter. Wenn man so will, das eine Dreieck. Das sich mit dem Dahinschreiten bewegt. Blickt er nach vorn, sieht er den zweiten Teil seines Weges, ebenfalls spitz nach vorn zulaufend, den zweiten Trichter, das zweite Dreieck. Das sich ebenfalls mit seinen Schritten bewegt.

Hinten ist das Zurückliegende, das Vergangene. Vorn ist das zu Erwartende, das Künftige. Die Trichter wandeln also. Aber was ist dazwischen? Der Mensch, der Wanderer? Nein. Das wäre zu kurz gegriffen. Zeitlich ist zwischen den beiden Alternativen nämlich nichts. Das temporäre Nichts. Durch die Bewegung ist immer alles bereits vergangen oder noch künftig. Und wenn er stehen bleibt? Ist das etwa die Gegenwart? Der Augenblick? Das Jetzt? Diese Vorstellung jagt mir einen Schauder ein. Nämlich, weil auch dieses Jetzt einen Prozess darstellt. Man trinkt einen Schluck, man schaut in die Gegend, man überlegt, denkt nach. Aber Trinken, Schauen, Nachdenken sind ebenfalls Prozesse, die ein „gerade eben vergangen und sogleich bevorstehend" beschreiben. Das eigentliche JETZT existiert auch dort nicht. Vielleicht existiert es überhaupt nicht.

Die zeitliche Grenze zwischen den beiden Trichtern gibt es nicht. Man müsste diese Milli- und Nanosekunden immer weiter verkleinern, was irgendwann kaum mehr möglich erscheint. Hier scheitert der, den wir Mensch nennen. Wer an dieser Stelle tatsächlich manchem erscheint, ist Gott. Oder der Weltgeist. Irgendetwas Höheres. Der oder das das Ganze vielleicht erklären könnte. Es gibt vielleicht eine Art sich bewegende, fortschreitende Grenze, die sich unserer tieferen Vorstellungskraft entzieht. Aber zeitlich ist sie nicht fassbar.

Und räumlich? Man könnte sich diese bewegende Grenze als allerwinzigste Linie zwischen den beiden Trichtern vorstellen, als gemeinsame, sich berührende Hypotenuse zweier absolut gleichschenkliger Dreiecke, die fortschreiten oder auch innehalten. So wie ein Punkt als Schnittpunkt zweier Geraden auch nur eine theoretische, ja metaphysische Vorstellung, nichts Konkretes, nichts Gegenständliches ist, ist auch diese gedachte Linie nur gedacht. Wirklich ist sie nicht. Oder soll das Dazwischen etwa das glibbrige Wesen aus Blut, Fett und Fleisch sein, welches wir Mensch nennen. Oder sein klebriges Geschrungsel, welches wir Gehirn nennen? Das wäre nun wirklich vermessen. Und ziemlich unlogisch.

Die räumliche und zeitliche Grenze zwischen Gestern und Morgen gibt es jedenfalls offenbar gar nicht. Da stellt sich die etwas kesse, vielleicht auch ketzerische Frage, ob es UNS überhaupt gibt. Existieren wir wirklich? Sind wir eine Fata Morgana? Ein Trugbild? Auch Trugbilder können sehr komplex sein. Wir haben exisitiert und wir werden existieren. Aber existieren wir? Es gab und und es wird uns geben. Aber gibt es uns angesichts der Tatsache, dass sich die Größe des Dazwischens zwischen vergangen und künftig asymptotisch der Null nähert, dem Nichts. Das kleinste anzunehmende „Etwas" kommt für die menschliche Wahrnehmungsfähigkeit einem Nichts gleich.

Na gut, ich komme ein wenig auf den Boden der Tatsachen zurück, irgendwie muss ja auch dieser Text entstanden sein. Irgendetwas oder irgendjemand muss ihn ja geschrieben haben. Wenn aber kaum Platz in Raum und Zeit für uns da zu sein scheint oder dieser Platz als gegenwärtiges Jetzt einfach nicht fassbar ist, dann ist die Quintessenz des Beschriebenen zumindest: Nehmen wir uns als Menschen nicht zu ernst. Vielleicht sind wir nicht die Krone der Schöpfung, sondern nur deren Wurmfortsatz.

Wenn sich etwas Höheres dazu entschlossen hat, uns nicht zu verraten, was zwischen unserem Kommen und Gehen liegt oder liegen sollte, dann wird es dafür berechtigte Gründe geben. Seien wir demütig gegenüber allem Jenseitigen. Aber was macht unsere Existenz überhaupt für einen Sinn? Den Augenblick, den Moment zwischen Gestern und Morgen kann niemand hinreichend beschreiben. Außer manche weltentfremdete Physiker, die glauben, die so genannte Weltformel entdecken zu können.

Und dann? Wissen wir nur soviel wie zuvor auch. Einen lächerlichen diskursiven Krümel mehr. Wir wissen trotzdem wiederum nichts. Wir wissen, dass wir nichts wissen. Cicero hat es so in etwa später formuliert, aber Sokrates hat es schon vorher genial präzisiert: „Je mehr ich weiß, desto mehr weiß ich, dass ich nichts weiß." Wissenschaftler, aber erst recht Politiker sollten sich diesen Satz immer wieder vergegenwärtigen. Auch die beiden Philosophen des antiken Griechenlands jedenfalls wussten wohl schon: An dem Begriff Gegenwart kann man bestenfalls herumdefinieren, ihn komprimieren und dehnen, ihn politisch schubladisieren. Aber wirklich fassen? Dafür sind wir einfach zu klein.

Der Mensch lebt zwar aus der Empirik heraus, aber auch von seinen Plänen, Erwartungen und Hoffnungen. Aus dem Jetzt heraus jedenfalls kaum und im Übrigen meistens oberflächlich, egoistisch, machtbesessen, gierig und spontan. Was die eigene Familie, Sippe oder Ethnie angeht, gibt es noch letzte, kümmerliche Solidarisierungseffekte. Tiere leben nach einem gesünderen, plausibleren, „humanerem" Selbstverständnis. Auch Wölfe, Haie, Hyänen und Tasmanische Teufel.

Das Menschliche – das immerfort auf dieser Schwelle zwischen Vergangenheit und Zukunft wandelt wie der morgensternsche Wanderer – hat immerhin auch noch eine andere, wenn auch mehr und mehr verkümmernde Seite: Das Gute, Hilfreiche, Liebe, Fürsorgliche, Gemeinschaftliche. Das, was schönfärbend als Das Menschliche beschrieben wird.

Im Moment des Todes – wenn auch dieser „nur" der beschriebene und undefinierbare Augenblick ist – weiß der Winzling Mensch, falls noch bei halbwegs fröhlichem Geiste, dass seine Kinder, Verwandten, Freunde bis auf Weiteres weiterleben werden. Auch wenn wir „morgen" allesamt in ein schwarzes Loch gezogen würden, die Apokalypse immerfort im (Welt-)Raume stünde und zuvor noch Australien im Meer versinken sollte, begleitet all unsere Fantasien doch seit jeher ein Lächeln der Zuversicht, dass es trotzdem und immer und irgendwie weitergeht.

Die Geschichte hat dieser Naivität bisher recht gegeben. Wenn auch mit Rückschlägen und Schrecknissen, die jeder Beschreibung spotten. Ein Mensch zu sein und das Glück gehabt zu haben, ein paar „Momente" auf dieser Erde herumzukrebsen, ist unendlich großartig und unendlich kleinkariert zugleich. Sich dessen bewusst zu werden, gibt uns vielleicht ein paar Krümel Trost auf der letzten Bahre.

One time

One time a day I have to be alone.
One time a day I wish to do my own.

One time a week I wanna go outside
One time a week my view could be so wide.

One time a month I´m dreaming of a dove.
One time a month could looking from above.

One time a year I wouldn´t be from here.
One time a year would be a lonely bear.

But time is coming bear must say „good-bye".
The devil comes to say: „It´s time to die."

This is the moment, when I´m asking „Why?"
Where is my home? My lovely sweetheart, my?"

17. Der Lokus im Fokus: Es läuft und läuft und läuft

Ich gebe zu, es ist ein wahrhaft feucht-fröhliches Thema. Ein Thema, das nicht selten ziemlich offen „zu Tage“ tritt. Aus dem Dunklen ans Licht sozusagen. Also, ich muss einfach mal etwas loswerden darüber, was Männer manchmal so loswerden. Müssen. Hmm, äh, ich meine, dass Männer halt andere Gewohnheiten als Frauen haben, sich eines gewissen Dranges zu entledigen, sich eben entleeren zu müssen. An der frischen Luft. In aller Öffentlichkeit, wenn auch hastig an einem möglichst unauffälligen Örtchen, und dabei ängstlich umherschauend, on man nicht beobachtet wird.

Warum das Männer gelegentlich so machen, hat anatomische und psychosoziale Gründe und ist nicht Gegenstand dieses Beitrags, der ja schließlich keine Dissertation darstellt. Wenn sich aber Männer in solch ungehöriger Art des Verrichtens benehmen, erregt das, obwohl die Herren das als eigentlich nur „natürlich“ empfinden, zurecht die Gemüter: Parkbäume, Grünflächen, Festzeltschatten, Straßenlaternen, Hauseingänge, um einmal die Kurve der Hemmungslosigkeit zu schildern.

Hauseingänge?! Ja, auch das soll vorkommen. In Italien geht man damit zumindest humorvoll um: In Casole d`Elsa bei Siena kann man als Tourist sogar ständig einen Mann dabei beobachten, wie er gerade in einen Hauseingang – naja – Sie wissen schon... Bei näherer Betrachtung, zu der man sich schon echt etwas trauen muss, erweist er sich dann allerdings als lebensgroße Keramikskulptur. Die ergießt sich da tatsächlich vor aller Augen. Jeder Mann schmunzelt schließlich, aber keiner macht es ihm nach. Das nenne ich gelungene Kunst im öffentlichen Raum.

In Frankreich wollten sie das jetzt sogar noch übertreffen: Man setzte mitten an das Seine-Ufer ein öffentliches Öko-Urinal ohne jeden Sichtschutz, genau gegenüber dem Liegestuhlufer. Welches ja meistens von der holden Weiblichkeit bevölkert wird. Mutig. Aber äußerst umstritten. Und das sogar bei den liberalen Franzosen! Aus Gründen, die wohl tatsächlich eine Pissertation wert wären. An dieser Stelle muss der lokale Bezug hergestellt werden: Im wunderschönen Kurpark von Bad Salzelmen gibt es glücklicherweise eine öffentliche Toilette, wenn auch diese vor

Nichtbenutzung nicht geschützt ist.

Bleiben wir nun einmal bei den öffentlichen Toiletten. Es gibt Entscheidungen, über die man nicht so gern spricht. Weil die einfach sehr persönlich sind. Persönlicher geht im zu beschreibenden Falle gar nicht. Wenn ich das hier niederschreibe, muss ich Ihnen, liebe Leser, ja nicht auf Gegenfragen antworten oder Ihr Grinsen ertragen. Nun, der Gang auf öffentliche Toiletten ist manchmal einfach nicht zu vermeiden, sei es in einem Restaurant oder einem Museum oder irgendeiner anderen öffentlichen Einrichtung.

Wenn da zum Beispiel drei Kabinen sind und alle frei, welche nehmen Sie eigentlich!? Das ist eine verdammt schwierige Entscheidung. Man könnte zum Beispiel annehmen, die meisten Leute nehmen eine der äußeren Kabinen, weil sie hoffen, dass derjenige Störenfried, der vielleicht plötzlich hineinkommt und Ähnliches vorhat, die andere äußere Kabine nimmt, um den größtmöglichen Abstand zu Ihnen zu halten. Dann haben Sie so zu sagen Glück im Unglück. Einerseits sind Sie nicht mehr allein, bleiben aber immerhin auf Distanz.

Sie können allerdings auch vollständiges Pech haben und einen irgendwie Abartigen erwischen, der sich absichtlich neben Sie, also in die Mittelkabine setzt. Und wenns schlimm kommt, ist der auch noch aggressiv redselig und verwickelt Sie in einen Monolog, da Sie ja beharrlich schweigen werden. Man könnte angesichts dessen nun zusätzlich vermuten, dass die Quote für die mittlere Kabine auf Damentoiletten eine Spur größer ist als jene der Männer. Weil das ja meistens Quasseltaschen sind. Aber ist das eigentlich so?

Wenn ich nun aber dabei bleibe, zu vermuten, dass die Leute zunächst einmal eine äußere Kabine wählen, dann könnte ich auch auf eine andere spitzfindige Idee kommen: Ich müsste mich nun absichtlich in die mittlere Buchte pflanzen, weil ich davon ausgehen könnte, diese sei wegen der beschriebenen Praxis noch die sauberste der drei, weil sie kaum je benutzt werde. Allerdings vollziehe ich dann meine notwendige Verrichtung in der ständigen Angst, dass jeden Augenblick jemand hereinkommen könnte. Dann bliebe ich natürlich wieder mucksmäuschenstill. Oh Gott, was mache ich nur? Na hoffentlich nicht in die Hosen!

Ja, die Sache mit den öffentlichen Bedürfnisanstalten hat es echt in sich, auch wenn es raus muss. Neulich hat jemand in der Toilette eines Zuges der Deutschen Bahn den Notfallknopf gedrückt. Weil kein Klopapier da war. Aus Notdurft zum Notfall. Das Ein-Quadratmeter-Etablissement war außerdem, wie er sagte, extrem schmutzig. Wahrscheinlich hat wie so oft noch nicht einmal der Wasserhahn funktioniert. Die Deutsche Bahn eben, deren Management oben im Wolkenkratzer am Potsdamer Platz wahrscheinlich Luxustoiletten mit goldenen Armaturen benutzt.

Unten in den Regionalzügen beschlagen die Scheiben vor übler Luft. Kondensation auf unterstem, also Abwasserkanal-Niveau. Man ist froh, wenn man das Ganze hinter sich gebracht hat, ohne auch nur irgendetwas dort berührt zu haben. Wenn man das Ding verlässt, benutzt man die Türklinke mit dem Ellenbogen oder ähnlich, jedenfalls nicht mit der Hand. Man lernt erst allmählich, dass man bei Reisen mit der Deutschen Bahn immer auch Feuchttücher zur Nachhygiene dabei haben sollte. Der gute Mann jedenfalls bekam natürlich eine Anzeige. Wenn ich Schöffe oder Richter wäre, würde ich ihn vielleicht frei sprechen. Von jeder Schuld.

Er wollte einfach nur nicht mit Kackarsch ins Abteil zurück zu den Mitreisenden und später nach Hause gehen. Das wiegt schwerer als der Umstand, dass der Zug mal kurz halten musste und Fahrgäste die Nase rümpften. Aber das sicher nicht wegen üblen Gestanks. Die Waggons durchweht allerdings sowieso ein fauler Wind, in einem Zuge sozusagen. Das Missverhältnis zwischen dem Aprikosenduft im 22. Stock des gläsernen Turms in Berlin und dem fortwährenden, alles andere als nach Aprikosen duftenden Zustand der Toiletten in Deutschen Bahnen rechtfertigt für mich eine Freisprechung.

Dabei muss es ja gar nicht so pedantisch zugehen wie zu Hause. Zum Beispiel wie herum das Toilettenpapier zu hängen hat. Also, ob man die Klopapierrolle bei Bedarf im Uhrzeigersinn oder dagegen drehen muss, also das Blatt vorne herüber hängt und man es „von oben“ abzieht oder es umgekehrt hinten herunterhängt. Solange die Ehepartner hier die gleiche

Auffassung haben, ist ja alles gut. Aber wenn nicht? Gibts Ärger.

Ich wünsche Ihnen eine gute Verrichtung, zu jeder Zeit und an jedem Ort.

Anleihe an C.M.

Sophie, mein Henkersmädel,
komm, küsse mir den Schädel.
Erfrisch noch einmal meinen Geist,
bevor der Teufel ihn umkreist.

In meine Schulter deinen Kopf.
Um meinen Hals leg deinen Zopf.
Mit seinem Ende pinselst du
die Nase, und dann zieh fest zu.

Winter. Ein Foto von Beate Heisel

18. Eine Zu*recht*rückung des ominösen „Rechts"

Vorbemerkung: Im Folgenden haben der Begriff „Rechts" oder das Adjektiv „rechts" nichts dem juristischen „Recht" bzw. seinem Genitiv oder mit der optischen Orientierung links/rechts zu tun.

In der notwendigen Auseinandersetzung mit dem Rechts- und Linksextremismus rutschen öffentlich-rechtliche wie auch private Medien seit langem und immer wieder in einen unsauberen Suggestivjournalismus ab. Sie verschieben damit beinahe unmerklich das Wertegleichgewicht veröffentlichter Meinung und damit mittelbar auch der öffentlichen Meinung in dieser deutschen Gesellschaft. Was ist rechts und was ist links und welche Reputation haben diese politisch gemeinten Begriffe?

Es entsteht ein eigenartiges Ungleichgewicht in der Wahrnehmung und daraus folgenden Darstellung des politischen Spektrums in diesem Lande. Die Äußerung „ich bin links" ist gesellschaftsfähig. Bis in konservative Kreise hinein wird sie geduldet, respektiert, toleriert oder auch geachtet. Zurecht. Bei der einfach nur entsprechenden Äußerung „ich bin rechts" dagegen läuten meistens sofort die Alarmglocken, sträuben sich die Nackenhaare, werden Erinnerungen an die dunkelste deutsche Zeit wach. Fast automatisch setzt man „rechts" mit dem Rechtsextremismus gleich. Alles rechts von der Mitte gerät gewollt oder ungewollt unter diesen Generalverdacht. Warum eigentlich? Dazu eine Vorbemerkung:

Eine dauerhaft progressive Balance zwischen der sozialgeschichtlich basierten „Überzeugung von der Gleichheit aller Menschen", einem damit einhergehenden, verpflichtenden Humanismus und Gewissen einerseits und einem den Wohlstand maßgeblich generierenden, konservativen Wertekanon andererseits mündet in die vom Ansatz her großartige Übereinkunft mit Namen „Soziale Marktwirtschaft", auch wenn diese heute immer weniger ihren Namen verdient. Aber immerhin bildete sie bisher das einigermaßen stabile Fundament dieser bundesdeutschen Gesellschaft. Diese Balance machte nicht zuletzt immer Deutschlands Stärke aus.

Die demokratischen Parteien tragen und gestalten jenen

ungeschriebenen und in der Verfassung manifestierten Gesellschaftsvertrag entscheidend mit. Das geschieht mit unterschiedlicher Akzentuierung und auch unterschiedlich ausgerichtet. Langsam aber sicher haben sich die Begriffe „links“ und „rechts“ dabei seit Jahrzehnten zur besseren Orientierung und pointierteren öffentlichen Darstellung etabliert – so wie eben auch die einzelnen Fraktionen im Parlament platziert werden. Alles gut? Nein.

Natürlich: Vor dem historischen Hintergrund, zumal dem spezifisch deutschen, gibt es einen weitgehenden Konsens in Politik und Gesellschaft, den politischen Extremen aus zumeist, wenn auch nicht immer lauteren Absichten bei aller „streitbaren“ Unterschiedlichkeit zu widerstehen. Seien sie links oder rechts auf der Skala. Und nicht nur zu widerstehen, sondern sie auch zu zügeln, zu bekämpfen und gegebenenfalls zu ächten. Eine besondere Rolle kommt dabei, wie schon angedeutet, den Medien zu. Als sogenannte vierte Macht. Denn einschließlich ihres notwendigen Kritikpotenzials wirken die Medien eben nicht nur als „Macht“, sondern vielmehr als Pfeiler, Wächter und Korrektiv unserer rechtsstaatlichen Demokratie. So weit, so gut.

Wie gehen diese Medien aber im genannten Kontext mit den Begriffen „links“ und „rechts“ in der Praxis um? Hier ist, um zum Kern meines Gedankens zu kommen, eine einseitige Verschiebung festzustellen. Als markantes Beispiel steht eben dieser inzwischen gängige, substantivierte Begriff „Rechts“, im Übrigen gleich, ob groß oder klein geschrieben. Dazu die beliebte Wendung „Gegen Rechts“. Unzählige Male ist diese Wendung abgedruckt, gesendet und verbreitet worden. Analog und online. Selbst Algorithmen automatisierter Sprach- und Texterkennungsprogramme lassen „links“ links sein, verbessern aber „rechts“ auf rechtsextrem. Das ist nicht nachvollziehbar.

Und dieser Missbrauch ist auf unzähligen Demonstrationen präsent, jüngst auf den großen Demos gegen „Rechts“ (...) im Februar 2024. Meinen die Demonstranten damit also folgerichtig auch die Mitglieder der Christlichen Arbeitnehmerschaft oder die Anhänger der Christlichen Soziallehre? Oder all jene politisch Engagierten, die sich ein paar Nanometer oder ein wenig mehr rechts der Mitte definieren? Rechts ist doch semantisch zunächst nur dort, wo der Daumen links ist, also auch schon hauchdünn neben der Mitte, nicht? Die große urdemokratische Gruppe „rechts von der Mitte“ wird mit der Verallgemeinerung „Rechts“ als Synonym für das Rechtsextreme latent oder zumindest oberflächlich in diesen einen despektierlichen Topf geworfen.

Wie bereits gesagt, ist „ich bin links“ zu sagen unwidersprochen gesellschaftsfähig, egal, wo auch dieses „links“ zu verorten ist. „Ich bin rechts“ aber stellt bereits jenen Makel dar, der das rechtsextreme Etikett auch auf lautere und redliche Bürgerinnen und Bürger mit konservativ-bürgerlicher Anschauung ausdehnen kann. Mein Plädoyer ist: Es muss zulässig sein, sich derart zu bekennen, ohne dass es einen obsessiven Makel mit sich bringt. Gleichbehandelnd exakt so, wie es bei der Aussage „ich bin links“ gesellschaftlicher Common Sense ist.

Das mediale und mitunter politische Verkürzen des Rechtsextremismus auf den Begriff „Rechts“ oder „rechts“ suggeriert, dass alles, was sich in irgendeiner Weise in diesem „Rechts“ befindet, gemeingefährlich sei. So jedenfalls wird unter dem Begriff „Rechts“ rund die Hälfte unserer Gesellschaft subsummiert und damit als irgendwie verdächtig, gemeingefährlich, negativ oder gar undemokratisch apostrophiert. These: Dies stellt eine einseitige Verschiebung des fragilen und gleichzeitig kostbaren Gleichgewichts der politischen Selbstverständnisse und ihrer öffentlichen Bewertung in unserem Lande dar. Rüttelt dies mittel- oder langfristig nicht auch am Fundament unseres Gesellschaftsvertrages?

Fazit: Der längst im journalistischen Alltag angekommene Gebrauch des unzulässig verkürzenden Begriffes „Rechts“ als Anklage und Fundamentalkritik vereinnahmt und verletzt möglicherweise aufrechte, demokratisch gesinnte Bürgerinnen und Bürger (und Wähler), die sich lediglich eher im Konservativen politisch zu Hause fühlen. Es „zieht sie mit“ in einen Sog, in den sie nicht gehören. Sie sind im positiven Sinne ein wenig oder ein wenig mehr rechts von der undefinierbaren, schier mathematischen Mitte, weiter nichts.

Verschiedenen Sendern, Print- und Online-Ausgaben von überregionalen und regionalen Wochen- und Tageszeitungen gelingt es in seltenen Fällen, verantwortungsvoll mit den genannten Begriffen umzugehen. Aber nicht konsequent genug. Mein Vorschlag ist deshalb: Vereinfachungen und Schubladisierungen haben eine böse Tradition in Deutschland. Man verbanne die pauschalisierenden – politischen - Begriffe links und rechts ein für alle Mal aus dem journalistischen und politischen Sprachgebrauch. Das „rechts“ sollte nicht mehr für rechtsextrem stehen. Inzwischen mischen sich die Programminhalte der demokratischen Parteien ohnehin derart heterogen, dass eine Zuordnung nach Schubladen nur wenig sinnvoll erscheint. Zurecht fällt einem umgekehrt der Begriff „Wahlkampf“ bei dieser Thematik ein und es schaudert ihn dabei.

Die mögliche Entgegnung, dass jeder und jede ja wisse, was gemeint sei, kann nicht zählen und ist sophistisch, also scheinargumentativ, denn die Verknappung von Rechtsextremismus auf rechts oder rechts negativiert alles, was nicht „links“ ist. Diese Verknappung stellt einen Kardinalfehler unseres medialen Daseins dar.

Dem Publizisten Victor Klemperer kommt das hohe Verdienst zu, mit seiner „Lingua Tertii Imperii“ (LTI) der Sprache des „Dritten Reiches“ den Filter und die Maske vom Mundwerk gezogen zu haben. Er hat sie entlarvt. Es liegt mir fern, einen semantischen Vergleich mit dem Werk dieses höchst ehrenwerten Autors anzustrengen, weil die Verhältnismäßigkeit nicht gegeben ist. Dennoch frage ich mich, wie er über die beschriebene mediale Praxis dächte.

Ich bin trotz des schwierigen Grundtenors des hier Geschriebenen von der Integrität und geistigen Unabhängigkeit Klemperers überzeugt und davon, dass er vielleicht zustimmen würde. Im Sinne von „Wehret den Anfängen“ sei deshalb durchaus daran erinnert, dass Sprache auch missbraucht werden kann. Wissentlich oder unwissentlich. Von „rechts“ oder „Rechts“ zu sprechen und den Rechtsextremismus zu meinen, stellt einen solchen Missbrauch dar. Dies muss gesagt werden dürfen.

19. Der Wahn der Rechtwinkligkeit: Zu viel Ordnung ist auch nicht in Ordnung

„Achtung und Gorsam!" (ja, wörtlich so) oder „Hände falten und durch die Nase atmen!" brüllte mein Vater früher nicht selten durch die Kinderzimmertür. Halb im Spaß und halb im Ernst. Er war noch mit den typisch „preußischen" Sekundärtugenden wie Disziplin, Höflichkeit, Sauberkeit, Betragen, Treue, Fleiß und Ordnung erzogen worden. „Ordnung ist das halbe Leben" predigte er uns Jungen immer wieder aufs Neue. Und es ist ja auch etwas Wahres daran. Was man immer wieder an die gleiche Stelle legt, findet man wieder. Was man pflegt, hält länger.

Aber er hat es eben auch übertrieben, war ein Pedant in allen Lebenslagen. Da, wo eine einzelne Schraube gereicht hätte, nahm er drei. „Es muss 1000 Jahre halten." Zum Ärger meiner Mutter wurden eben auch Möbel nur einmal gekauft, und die hatten unabhängig von irgendwelchen Moden oder neuen Techniken ewig zu halten. Zumindest das ganze Leben lang. Das hatte immerhin den nicht zu unterschätzenden Vorteil, dass man sich mit seinem Zuhause durch die Gewöhnung besser und stärker identifizierte, man einfach mehr an den Dingen hing, je länger man sie hatte.

Die Penibilität und Pedanterie seines täglichen Tuns dagegen wollten wir allerdings nicht eins zu eins übernehmen. Also zum Beispiel die Tassen im Küchenschrank immer mit dem Henkel zur rechten Seite stellen. Den Bleistift niemals schräg hinlegen sondern immer exakt parallel mit der Tischkante oder dem Blatt Papier. Alles hatte rechtwinklig zu sein. Möglichst auch die Gehirnwindungen. Das klingt zwar einigermaßen krank, hatte aber unter dem (exakt geradlinigen) Strich auch seinen gewissen Sinn. Man sollte eben auch nicht auf krumme Gedanken kommen. Dann lieber das Fahrrad putzen. Wer macht das heute eigentlich noch?

Ach ja, am Rande etwas zum Thema Geradlinigkeit: Als Konstrukteur projektierte er noch freihändig am Reiss-Brett mit Rotring. Er verachtete die neue Fertig-Software, mit der heute Architekten Häuser und Brücken entwerfen. „Die können doch nicht einmal mehr einen geraden Strich aufs Papier bringen", pflegte er geringschätzig zu sagen. Wie es diese alte Generation allerdings mit der übertragenen Geradlinigkeit im Denken und Handeln hielt, das lassen wir hier lieber einmal dahingestellt.

Der Gerechtigkeit halber muss auch festgestellt werden, dass für die eigentliche, Mühe machende Ordnung meine Mutter gesorgt hat. Waschen, Fenster Putzen usw. Den Frauen muss insgesamt bescheinigt werden, dass sie ein ausgeprägteres Verständnis von Sauberkeit und Ordnung haben. Ich finde das in Ordnung. Die Notwendigkeit strengster Hygiene bei der Geburt und der späteren Erziehung mag einer Gründe sein. Schon in der Steinzeit sorgten die Frauen für Sauberkeit in der Höhle, wenn vielleicht auch etwas weniger konsequent als heute. Den Besen aus Reisig hat vermutlich kein Mann erfunden.

Während die Männer draußen jagen oder fischen oder kämpfen gingen. Ich bin der Überzeugung, dass sich beim Beerensammeln alle Mitglieder der Sippe beteiligt haben. Denn die Sammelleidenschaft ist heute ein eher männlich geprägtes Hobby. Ich selbst bin dafür ein beredtes Beispiel: Steine, Mineralien, Fossilien, Archäo-Fundstücke, auf der Straße entdeckter Kinderschmuck, Kugeln, Landkarten usw. Ich weiß, das war jetzt kein wissenschaftlicher Beitrag. Aber vielleicht ist doch ein Quäntchen Wahrheit dran.

Zurück zu sauberen, geraden und glatten Strukturen: Bezüglich der neuen digitalen „Glanzflächenarchitektur" mit ihren rechten und klinisch sauberen Winkeln aus Glas und Stahl und weiteren auf Hochglanz polierten Flächen muss man meinem Vater wohl letztlich doch zustimmen. Menschen haben doch auch keine Ecken und Kanten und rechten Winkel, sind eher aus Rundungen gebaut. Die kargen und glatten Einrichtungen von wohlhabenden Familien in Fernsehfilmen und Krimis besitzen dagegen eine abweisend-sterile sowie durch und durch kalte Aufenthaltskultur etwa wie in einem Krankenhaus.

Ich habe es nie verstanden, dass mein alter Herr die Bauhaus-Architektur von Mies van der Rohe und Walter Gropius schätzte, mit der der Wahn der Orthogonalität in der ersten Hälfte des 20. Jahrhunderts seinen Anfang nahm. Das war reine Zweckdienlichkeit im Rahmen der Notwendigkeit des

Wohnungsbaus. Funktion ging vor Form, auch wenn diese bis heute schöngeredet wird.
Wohnlichkeit geht jedenfalls anders. Erst recht, wenn dann exakt mittig über der Couch ein schnöder Gemäldedruck aus dem Baumarkt hängt, welcher sich in all den den Keramik- und Natursteinflächen spiegelt. Neid? Nein, nur ein anderer Geschmack eben. Oder besser: Überhaupt Geschmack.

Vom Thema abzuweichen ist eigentlich eine Form von Unordnung. Also zurück zur Ordnung: Der Kulminationspunkt der Vorstellung von Ordnung unseres Vaters war jedenfalls der Hausschlüssel. Wenn der bei Nichtbenutzung nicht an seinem Platz, an einem ganz bestimmten Haken an der Garderobe hing, drohte ein familiäres Inferno. „Der Schlüssel ist heilig!", brachte er es auf den etwas merkwürdigen Punkt. Das galt im Übrigen auch für den „Notschlüssel", der immer an an einem versteckten Ast einer Lärche in unserem Garten zu hängen hatte. Ordentlich eben. Damit Familienmitglieder, wenn wirklich mal der Schlüssel fehlte, in die Wohnung gelangen konnten.

Im Bücherschrank standen die großen Hauptwerke der Benimmregeln, die „Etikette"-Bände von Knigge und von Erika von Pappritz. Und auch dafür hatte unser alter Herr einen wesentlichen Spruch parat: „Benimm Dich zu Hause wie beim König, dann kannst Du Dich beim König wie zu Hause benehmen." Im Werkzeugkeller konnte man vom Fußboden essen. Er hielt viel vom dem Begriff „alte Schule". „Ein für alle Mal" war einer seiner Leitsprüche. Und wenn wir ehrlich sind, kämen wir ohne Ordnung in der Wohnung, auf Arbeit, im Straßenverkehr und auch sonst wohl nicht weit.

Das Chaos überlassen wir dem Universum oder der Teilchenphysik mit ihren Quarks, Protonen und Neutronen. Und manchmal schleicht sich das Chaos auch auf unseren Schreibtisch, ins Badregal, in die Handtasche oder zu Hempels unters Sofa. Aber selbst im Makro- und Mikrokosmos ist nicht ganz sicher, ob es sich dort um ein echtes Chaos handelt. Ganz im Gegenteil. Alles ist determiniert. Alles hat seinen Platz, seine Richtung, seinen Sinn, seine Bestimmung. Ich muss wohl einräumen, dass eine gewisse Ordnung zu halten lebensnotwendig ist. Jedenfalls ein Mindestmaß, ohne die spießbürgerlichen Ausuferungen unserer Altvorderen oder die

Glattheit der Postmoderne mitmachen zu wollen oder zu müssen.

Wirklich schlimm ist aber auch heute wieder, dass ein wahnhaft gesteigerter Ordnungswahn in der deutschen Politik abstruse Entwicklungen wie eine krankhaft gesteigerte Bürokratie in diesem Lande mit sich bringt. Ärmelschonerordnung. Da komme ich echt an meine Grenzen, und dabei sage ich das als Privatmann, noch nicht einmal als Handwerker oder kleiner Unternehmer, wo mehr Zeit mit Papierkram verbracht wird als mit der eigentlichen Leistung. Wer mit diesem Wahn aufräumen würde, wäre schwer in Ordnung.

Selbst ein privater Haushalt muss heute ein mittelständisches Kontor mit annähernd zwei Dutzend Ordnern vorhalten. Und damit meine ich nicht die Hilfspersonal beim Fußball. Hier den Überblick zu behalten und fast täglich „abzuheften“ ist eine widerwärtige Tätigkeit: Steuererklärung, Verträge, Kraftfahrzeug, Wohnung, Lohnzettel, Krankenkasse, Versicherungen, Telekommunikation, Nebenkostenabrechnungen, Personenstandsunterlagen, Aufträge oder Reisepapiere sind nur Beispiele für diesen überbordenden Unsinn. Haben wir nichts Besseres zu tun?

Tja, was ist nun das Fazit? Ordnung ist ambivalent. Die Wahrheit liegt wohl wie meistens in der Mitte. Man muss dieses Monster streicheln, aber auch bändigen. So, und jetzt mache ich mir erst einmal ordentlich was zu essen!

Der Dschungel-Blues

Am Ufer des Irrawaddy,
da liegt eine morsche Dschunke.
Dort spielt dieser Waters Muddy
den Ur-Blues für eine Unke.

Die Unke in ihrer Lunke -
sie streichelt so sanft ihren Bauch -
traf da der göttliche Funke,
und eine Zikade gleich auch.

Bemooster Planken Geknarre,
dazu das Zirpen und Quaken,
begleiten Muddys Gitarre.
Die Stirn kühlt ein nasses Laken.

Den Dschungel durchdringt ein Raunen:
„Die Myanmar-Kakophonie!"
Sie ist zum Hören und Staunen.
Doch noch einmal erklingt sie nie.

20. Die großartige Welt der Steine: Seiffen, Koserow und Michel

Es gibt viele lohnenswerte Hobbys und Freizeitbeschäftigungen. Ich kann hier nur kurz von einem meiner Steckenpferde berichten – dem Sammeln von Mineralien, Fossilien und sonstigen merkwürdigen Fundstücken. Wie soll ich es sagen: Steine sind beinahe ewig, unvergänglich, immer wieder wunderschön und manchmal erzählen sie auch Geschichte und Geschichten. Mein Vater, der aus aller Herren Länder interessante Stücke mitbrachte, hat mich zu meiner kleinen Sammelleidenschaft animiert.

Aus Vietnam eine Brekzie, aus der Sahara eine Sandrose oder aus Burma (Myanmar) ein Konglomerat. Er hatte unter anderem auch ein paar Semester Geologie in Dresden studiert. Das war ja in der Nähe von Freiberg, wo sich die bekannte Bergakademie und vor allem die wohl schönste, dauerhafte Mineralienausstellung Deutschlands, wahrscheinlich sogar Europas befindet. Wer sie besucht hat, vergisst die Eindrücke nie wieder. Es sind spektakuläre Kristalle und Formationen in allen denkbaren Farben und aus allen Regionen der Erde. Aber davon wusste ich damals noch nichts.

Die Gesteine bestehen aus Mineralien, und diese sollten zunächst mehr und mehr meine nähere Aufmerksamkeit genießen. Alles begann im Jahre 1980, als ich mit meiner ersten Frau Anke Urlaub im Erzgebirge machte. Als wir in der Nähe von Seiffen herumwanderten, fiel mir plötzlich ein kleiner gebirgiger Aufschluss auf, in dem sich im unteren Bereich Geröll angehäuft hatte. Ich sah da irgendwie irgendetwas blitzen.

Der Aufschluss war aus Sicherheitsgründen mit einem Zaun abgesperrt, aber ich kletterte darüber und sah mir das näher an. Mein Respekt vor behördlichen Maßnahmen hielt sich schon immer in Grenzen. Und siehe da, es zeigte sich eine wunderschöne Calzitdruse mit blinkenden, rötlich-weißen Kristallen. Faustgroß. Ich war hin und weg, einfach nur begeistert. Das war der Anfang meiner heutigen, mehrere hundert Exemplare umfassenden Sammlung.

In derselben Zeit waren wir einmal auf Usedom im Urlaub, in

Ückeritz. Bei einer Strandwanderung nahe Koserow fiel mein Blick plötzlich auf einen merkwürdigen, kegelförmigen Stein im flachen Wasser. Als ich ihn aufhob, traute ich meinen Augen nicht. Es war ein riesiger und in dieser Größe seltener, versteinerter Seeigel. Auch so groß wie eine kleine Faust. Millionen von Jahren alt. Ich kannte diese Fossilien von meinem Großvater in Bad Düben, der ebenfalls einen winzigen Seeigel aus Stein besaß. Ich war glücklich in diesem Moment.

Aber dann passierte etwas Unglaubliches, was einem Sechser im Lotto – wenn auch nur ideell – gleichkam. Etwas, was für einen aufmerksam Suchenden oder Finder meistens niemals im ganzen Leben oder allerbestenfalls nur einmal passiert. Denn als ich in halber Trance noch einmal ins Flachwasser schaute, lag da noch ein solches Fossil. Genau noch ein solcher versteinerter Seeigel in der gleichen Größe. Wie Schwester und Bruder.

Wie Freund und Freund. Wie Mann und Frau. Wie haben es diese beiden Seeigel, die ja einmal lebendig waren, die vielen Millionen Jahre geschafft, beieinander zu bleiben?! Und gefunden zu werden? Zur richtigen Zeit am richtigen Ort? Ein Ausrufezeichen ist eine möglichst zu vermeidende journalistische Zeichensetzung, aber hier müsste ich eigentlich mehrere setzen. Ein lebenslang unvergesslicher Moment. Soviel sei verraten: Meine damalige Partnerschaft hat leider nicht Millionen Jahre gehalten. Die beiden Seeigel würden darüber wahrscheinlich altersweise und verständnisvoll schmunzeln. Aber dies nur am Rande.

Calzitdruse und Seeigel, gepaart mit den Anregungen meiner Altvorderen – damit war jedenfalls meine Leidenschaft für das Sammeln von „Steinen" im weitesten Sinne geweckt. Da ich von nun an mit anderen Augen durch die Landschaft schritt, hatte ich das große Glück, zahlreiche weitere und wunderbare Funde gemacht zu haben. Auch sehr seltene. Ich verzichte darauf, diese im Einzelnen zu schildern, aber wer Interesse hat, kann sie sich gern anschauen.

Eine Ausnahme mache ich. Als ich mit meinem Sohn Max die Jurassic Coast westlich von Lyme Regis in Dorset die englische Kanalküste entlangwanderte und wir unseren Augen nicht trauten. Hunderte, bis zu wagenradgroße, versteinerte Ammonshörner liegen dort herum und man schreitet ehrfurchtsvoll darüber. Über die Millionen Jahre alte Jurazeit und deren Lebewesen. Und man findet in den Steilhängen mit etwas Glück auch selbst kleine Ammoniten. So wie wir.

Und ich kenne noch einen weiteren jungen Menschen, der sich ebenfalls dafür interessiert hat: Es ist der Enkel meiner Frau Beate namens Michel. Ein aufgeweckter, kluger und herrlich unbefangener Junge. Quicklebendig wie seine kleine Schwester Flora auch. Michel fragt mich öfter nach den „Steinen", wenn er zu Besuch ist. Dass ich sie ihm wieder zeigen möge, und dass er sie erklärt haben möchte. Und dann bekommt er jeweils ein kleines Exemplar eines Minerals geschenkt. Einmal ließ er sein Interesse an einem neuen Stein ziemlich gewitzt „um die Ecke" durchblicken. Er formulierte das nicht direkt, sondern drückte es wie folgt aus: „Du hast doch gesagt, dass du *zwei* davon hast..." Betonung auf zwei. Wir Erwachsenen haben so gelacht.

Natürlich bekam er das Stück. Es gibt sowieso nichts Schöneres auf der Welt als ein sich freuendes Kind. Dabei ist mir bewusst, dass dieses kindliche Interesse nicht von Dauer sein muss. Das ist völlig normal und in Ordnung. Das Leben ist so vielschichtig und bunt und wechselhaft. Und die Persönlichkeit ist auch noch nicht voll ausgeprägt im frühen Kindesalter. Zumindest ist Michel nicht dümmer geworden. Aber vielleicht behält er ja doch eine kleine Erinnerung an die „schönen Steine". Das wäre schon sehr viel.

Zwar betrifft die Vergänglichkeit nicht nur uns Menschen, sondern langfristig auch die Steine und alles Übrige im Universum. Letztlich sogar die Sterne und Planeten. Aber wer will den Bogen schon so weit schlagen? Und was heißt schon „vergänglich"? Irgendetwas bleibt ja doch. Von den Steinen sowieso, aber vielleicht auch von uns. Wenn es auch wenig ist. Aber wenig ist mehr als nichts. Stimmts, Michel?

21. Als Helmut und Hans-Peter Max und Moritz waren

Ich habe in meinem Leben zwar viel Erfolg gehabt, aber auch einigen Mist gebaut. In Partnerschaften, im Straßenverkehr, in Bildung und Ausbildung, im Alltag. Wenn auch die väterlich-patriarchale, in Teilen martialische Erziehung eine Rolle gespielt haben mag, so war ich doch letztlich selbst verantwortlich für mein Tun. Denn jeder ist nicht nur seines Glückes Schmied, sondern auch seines Peches Schlosser. Man kann es nicht auf „Vergangenheiten“ schieben. Als verschüchterter Junge rang ich um Anerkennung, wenn manche wilde, abstruse Aktion startete. Aber das erklärt es nicht, denn es war schlussendlich doch sinnlos und ziemlich dumm. Damals wusste ich im Übrigen auch noch nicht, dass die lauten Zeitgenossen nicht unbedingt die Klügeren sein müssen und die vermeintlich Starken auch die eigentlich Schwachen sein können. Eine der – leichteren – Vorkommnisse sei hier einmal geschildert:

Das Leben schreibt verrückte Geschichten. Mein bester Freund – so ein Dutzend Jahre lang – war Helmut. Ein Krauskopf mit manchmal auch herrlich krausen Gedanken. Wir gingen als Schüler gemeinsam durch dick und dünn, saßen nebeneinander immer in der letzten Bankreihe. Als die schwarze Bürgerrechtlerin Angela Davis in der damaligen D“D“R weilte, ließ er sich sein Haar genauso wachsen wie sie, wie eine kürbisförmige und ebenso große Lockenpracht. Protest. In seinem Falle gegen alle Autoritäten wie Lehrer und Erwachsene überhaupt. Ein rebellischer Charakter. Gemeinsam erlebten wir so manches Jungenabenteuer. Aus uns sprudelten die Ideen einfach nur so heraus. Eine besonders abartige sei hier geschildert.

Wir waren Halbstarke an der Grenze zum Erwachsensein. Heute weiß ich, dass man wohl erst mit 50 oder 55 wirklich erwachsen wird, wenn überhaupt. Die kleine Vorgeschichte des später zu Schildernden sei hier auch mit erwähnt, auch wenn sie nicht direkt zum Thema gehört: An der Wand des Kinderzimmers von Helmut hing das Gemälde „Lautenspieler“ oder auch „Eine Laute spielender Narr“, wie es genannt wurde. Es war ein echtes Ölbild. Der große Frans Hals hatte das Original im 17. Jahrhundert gemalt und Helmuts Halbbruder Henry hatte als 20jähriger eine wunderbare Kopie davon erschaffen.

Wir unterhielten uns über den lachenden Musiker im schwarz-roten Gewand und bewunderten das künstlerische Talent von Henry. Ein Laie hätte keinen Unterschied zum Original gesehen, so gut war es gelungen. Der niederländische Maler war ein Meister des Augenblicks, der erste Künstler des freien, herzhaften, lebendigen Lachens und der unglaubliche Pionier des sich erst 300 Jahre später entwickelnden Impressionismus. Der grobe Pinselstrich der Bewegung. Exakt vor 400 Jahren, nämlich 1624 entstand das fröhliche Musikerporträt, welches heute im Pariser Louvre hängt. Fröhlich jedenfalls sollte es an jenem Tage auch mit Helmut und mir weitergehen, um es vorsichtig auszudrücken. Man kann ja die Schuld daran dem Lautenspieler aus Haarlem geben.

Nachdem wir gemeinsam im jugendlichen Leichtsinn eine Flasche Zitronenlikör geleert hatten, machten wir uns auf den Weg ins Dorf. Da musste doch irgendetwas los oder anzustellen sein. Auf halbem Wege fiel uns die Pareyer Kirche St. Trinitatis ins Auge: Von dem Turm da oben musste man einen herrlichen Blick auf das Dorf, auf die Elbe, den Elbe-Havel-Kanal und die umliegende Landschaft haben. Also beschlossen wir, heimlich da hochzusteigen. Seltsamerweise war die Kirchentür offen und wir erkundeten im menschenleeren Gotteshaus den Aufgang zum 40 Meter hohen Turm mit seinen eindrucksvollen Laternendach und der offenen Ballustrade. Und tatsächlich: Der 360-Grad-Blick war umwerfend, wir genossen ihn in vollen Zügen. Und wurden nicht erwischt, als wir auf leisen Sohlen wieder die uralte Treppe hinabstiegen.

Aber das sollte es noch nicht gewesen sein. Es dämmerte schon und es musste doch noch irgendetwas passieren. Da fiel uns plötzlich der unweit der Kirche gelegene HO-Saal ein, in dem am Wochenende immer Jugendtanz stattfand, damals meistens noch mit einer echten Band. Der Saal nannte sich so, weil eine HO-Gaststätte an ihn angeschlossen war, wo es die berühmte DDR-Soljanka gab und sich die Männer abends zum Bier trafen. Einen davon habe ich einmal zu nächtlicher Stunde durch das Dorf nach Hause geschleppt. Einen schweren, beleibten Mann. Ich mochte ihn. Er wohnte in der Nähe meine Elternhauses und war an jenem Abend nicht mehr in der Lage, auf zwei Füßen zu stehen.

Die HO-Kneipe jedenfalls hatte einen Verbindungsgang zum großen Saal, an dessen Ende man gewisse Speisen und Getränke lagerte, wenn keine Veranstaltung stattfand. So auch an jenem Abend. Wir wussten das... Dort lagerten auch die gebratenen Hähnchen, die man in der DDR „Broiler“ nannte. Die Vorstellung von diesen herrlich duftenden, knusprigen und braun gebrutzelten „halben Hähnen“ schoss uns durch den Kopf und wir machten uns auf den Weg. Nun, wir machten es etwas anders als Max und Moritz von Wilhelm Busch, die ja diese Leckereien aus dem Schornstein – buchstäblich der Esse - von Witwe Bolte angelten. Was wir machten, war aber ebenso unverfroren und unerlaubt: Wir kletterten durch ein Kellerfenster in das Gebäude.

Über Kohlen stolperten wir die Kellerräume entlang und fanden schließlich den Aufgang zum ersehnten Tanzsaal. Es war schon seltsam und eine Menge Herzklopfen bereitend, diesen völlig leeren und mucksmäuschenstillen Saal zu durchschreiten, den beim „Jugendtanz“ dicke Rauchschwaden schwängerten (Marken Casino, Karo, Juwel, F6), und in dem sonst immer die Biergläser zu Bruch gingen, wenn sie nicht mit den Hardrockklängen rhythmisch auf den Tischen zitterten. Das war die Fläche, auf der das Dorfleben kulminierte. Die Fläche von Blut, Schweiß und Tränen. Hier, wo es sonst um Liebeleien oder Schlägereien ging, bewegten wir uns auf leisen Sohlen in Richtung Empfangsbereich, wo wir die Köstlichkeiten vermuteten.

Und tatsächlich. Der ganze Tresen der eigentlichen Garderobe war mit duftenden Broilern vollgestellt. Dieser Anblick und dieser Geruch ließ uns alle Bedenken und jeden Gedanken an vielleicht kriminelles Tun vergessen. Uns vorsichtig umschauend schnappten wir uns jeder zwei gebratene Hähnchen und dachten nun an die folgende Flucht. Genau wie einst Max und Moritz. Auch äußerlich glichen wir übrigens den literarischen Übeltätern etwas, Helmut war Max, ich war Moritz. Vor dem wahrhaft bühnenreifen Abgang setzten wir noch ein kleines Sahnehäubchen auf die ganze Chose. Wir verstiegen uns darauf, noch auf die Bühne zu steigen und ein paar Fetzen von „Child in time“ von Deep Purple auf dem dortigen Klavier zu spielen. Diese Zeit musste einfach noch sein. Aber dann los. Auf demselben Wege zurück. Das Kellerfenster ließen wir offen stehen. So weit, so gut. Aber dann!

Es gab dann später das tatsächliche und sprichwörtliche böse Erwachen. Denn am nächsten Morgen – ich lag noch im Bett - klingelte es plötzlich an unserer Wohnungstür. Es war der Dorfsheriff. Man hatte uns auf frischer Tat erwischt, gesehen und gemeldet. Ohne dass wir etwas davon mitbekommen hatten. Mein Vater war alles andere als begeistert, er war vielmehr außer sich. Glücklicherweise war er mit dem Polizisten gut bekannt und dieser außerdem ein liebenswerter Mann. So kam es, dass mein Freund und ich mit einem „blauen Auge" davonkamen, das Vorkommnis nicht an die Schule gemeldet wurde und wir also auch nicht von dieser flogen. Ich muss gestehen, ich bin dem ehrenwerten Dorfpolizisten heute noch dankbar. Geschmeckt haben diese Broiler übrigens fantastisch. Noch ein Stern mehr, als der Dorfsheriff auf seinen Schulterklappen hatte.

22. Exposé eines Abenteuerromans

Vor einigen Jahren gab es eine schreckliche Pressemeldung: Vier deutsche „Manager" seien im brasilianischen Regenwald verschollen. Manager war nur ein zusammengefasster Begriff für Personen, die an Schalthebeln der Macht saßen und große Verantwortung für das Land trugen. Wahrscheinlich seien sie unter mysteriösen Umständen während einer Expedition ums Leben gekommen, hieß es damals. Dem Urwald angemessen heulte die bunte Presse headlinegroße Krokodilstränen.

Es handelte sich um den Hedgefond-Spekulanten von der Frankfurter Börse; weiter um einen Juristen im höheren Dienst, der Deals mit Wirtschaftskriminellen aushandelte, die sich für eine lumpige Million freikaufen konnten; dann noch um einen Ministerialdirigenten als ausgewiesenen Experten für Verwaltungs- und Steuerrecht sowie schließlich den Chef eines großen privaten Medienkonzerns, Friede sei mit ihm. Die Intendantin einer öffentlich-rechtlichen Sendeanstalt hatte sich mit Letzterem bei einem Cocktail *über*worfen oder mit einem Cocktail *be*worfen, und hatte die Reise kurzfristig abgesagt.

Die vier übrigen jedenfalls waren miteinander dick befreundet und wollten ins letzte Unbekannte vordringen, auf dem Höhepunkt ihrer Karriere einen echten „Kick" erleben. Und zwar im brasilianischen Urwald, wo er noch nicht durch befreundete Holzbarone abgeholzt worden war. Man flog zunächst nach Rio, von dort weiter nach Palmas und weiter nach Marabá. Mit dem Privathubschrauber dann bis zum Rio Xingu im Bundesstaat Pará. Dort starteten die vier mutig zu Fuß tief in den Dschungel. Vom Ufer des Xingu fanden sie einen Einbaum, eine archäologische Entdeckung ersten Ranges. Von diesem Ufer hatte man seinerzeit noch die letzten Lebenszeichen vernommen.

Von Moskitos zerstochen paddelten sie mit dem Boot offenbar auf dem sich immer weiter verzweigenden Fluss in immer dichtere und von Lianen durchwobene Mangrovenwälder. Ein paar Stromschnellen und Wasserfälle hatten sie noch überlebt, bis sie irgendwo und irgendwann bei 41 Grad Celsius erschöpft in den Ufermorast sanken. In einer Gegend, die noch nie zuvor ein Mensch der Außenwelt betreten hatte. Suchtrupps hatten später keinen Erfolg, der Regenwald war einfach unergründlich. Man fand nichts und niemanden. Das war damals. Die internationalen Medien, besonders die Boulevardpresse von „Friede sei mit ihm“ erging sich – wie gesagt - in wilde Spekulationen über das Schicksal der bedeutenden, schillernden Persönlichkeiten.

Einige Jahre später machte jedoch folgende Nachricht die Runde: Italienische Forscher waren nochmals in das völlig unbekannte Gebiet vorgestoßen und entdeckten unter schwierigsten Umständen schließlich ein bisher nie gekanntes Dorf mit seltsamen Eingeborenen. Nie gesehene „Wilde“, wie manche abfällig äußerten. Als sich die Wissenschaftler vorsichtig näherten, wurden sie Zeugen eines ethnologisch unbekannten Rituals um ein großes Lagerfeuer. Überall Totempfähle, Menschen mit bunten Holzmasken und Federschmuck. Dazu archaische Gesänge.

Als die Ethnologen noch näher an die Zeremonie herantraten, trauten sie ihren Augen nicht: Einer der Tänzer hatte einen Hut von Lagerfeld auf, ein anderer sich eine blau-goldene Krawatte umgehängt. Sie hatten sichtlich Spaß damit. An einen Baum war ein viereckiges, bunt bemaltes Gerät aus der Zivilisation gebunden worden. Es spiegelte die Sonne. Mit einem Fernglas wurde es als Mobilfunkgerät, als Handy identifiziert. Die extrem gefährlichen Untersuchungen vor Ort ergaben schließlich, dass es sich um letzte Kannibalen im lateinamerikanischen Urwald handelte. Entsprechend zurückhaltend und überaus freundlich verhielten sich die Teilnehmer dieser „zweiten“ Expedition und überlebten das Rendezvous mit den Menschenfressern mit viel Glück.

Hinweis des Autors: Mir fehlt noch eine schöne finale Pointe. Für Hinweise bin ich dankbar.

Luna, Laura, Mona und Grit

Siehst Du, fragt die Laura,
dort des Mondes Aura?

Nein, sagt da die Mona,
diese heißt Korona.

Grit meint „Aber Hallo“,
das ist doch ein Halo!

23. Redaktionssplitter – Interessantes aus dem journalistischen Alltag

Es gibt „tausend“ wichtige Regeln, die ein Journalist zu beachten hat. Darauf möchte und kann ich hier nicht eingehen. Sie füllen viele Bücher. Mit ganz vorn steht zumindest die strenge Trennung von Bericht und Kommentar, von Nachricht und Meinung, die im heutigen Medienalltag immer weniger beachtet wird. Als ich einmal als Lehrkraft einen Kurs „Journalismus“ gegeben hatte, umfasste mein dafür von mir verfasster Lehrplan mehrere hundert Seiten. Wichtig war mir persönlich jedenfalls immer auch das Formulieren von guten Überschriften. Vor allem von Hauptüberschriften. Sie sind für mich das Salz in der Suppe des Zeitungsmachens.

Diese Headlines, oft mit Ober- und/oder Unterzeilen, fassen den Inhalt des Artikels ohne Überflüssigkeiten (Redundanzen) nicht nur mit dem nötigen Sprachgefühl zusammen oder deuten zumindest darauf hin, sondern sollen darüber hinaus auch Aufmerksamkeit wecken und zum Lesen anregen, ohne einerseits zu euphorisch, blumig, übertrieben oder sensationslüstern und andererseits zu trocken oder langweilig zu wirken. Manchmal ist allerdings weder das eine noch das andere zu vermeiden. Oft ist es ein schmaler Grat. Manche Inhalte verlangen schnöde, hölzerne Sachlichkeit, andere fordern etwas die Fähigkeit des saftigen Fabulierens.

Das Überschriftenmachen kann also direkt nüchtern und sachlich geschehen, aber auch durch eine gekonnte „farbige“ Umschreibung, ein Wortspiel, ein Zitat und dergleichen. Welche Form man wählt, hängt vom Thema und journalistischen Genre ab: Nachricht (Meldung), Bericht, Interview, Kommentar, Reportage, Rezension, Glosse, Betrachtung und andere. Nicht zuletzt müssen Überschriften auch in der Länge angepasst werden und in den Satzspiegel passen: ein-, zwei-, drei-, vier- usw. -spaltig. Eine gute Hauptüberschrift zu machen ist eine kleine Kunst. Ein paar meistens von mir verfasste Beispiele, über deren Qualität man sicher streiten kann und die in den meisten Fällen mit Ober- oder Unterzeilen präzisiert worden sind, seien hier einmal wiedergegeben (in Klammern das Thema des Artikels bzw. seine Kernaussage):

Das Schweigen der Hämmer (Streik im Schwermaschinenbau-Kombinat Ernst Thälmann)
Stumph ist die Klinge des Kabaretts (Gastspiel von Wolfgang Stumph)
Wenn die Gondeln Trauer tragen (Der Taxifahrer-Mord in Magdeburg)
Kirch bleibt nicht im Dorf (Kommentar zu dem umstrittenen Verlegertycoon Leo Kirch)
Manche mögen Fleisch (Fleischfressende Pflanzen im Gewächshaus)
Besemmelt – Bäcker teigsauer (Debatte um Ost- und Westbrötchen)
Aus der Baum (gefällte gesunde Bäume)
Redefeuer der Eitelkeiten (Kritik der TV-Talkshows)
Nicht alles Schmalz, was glänzt (TV-Kritik)
Reihern in den ersten Sitzen (ARD-Kabarett-Kritik)
Zum Abfluss frei (trübes Bier einer Brauerei)
Holzauge sei wachsam (Giftstoffe in Möbeln)
Heidewitzka! (Demonstration gegen das Militär in der Colbitz-Letzinger Heide)
Mann, haben die einen Knall (Bundes-Schützentag)
Park & Leid (Knöllchen-Abzocke)
Höchst lebendige Sensenmänner (Bundes-Mäh-Wettbewerb)
Fuchsschwanz und Firlefanz (Wie Männer ihre Autos schmücken)
Wortgefecht im Drahtgeflecht (Heißer Stuhl auf RTL)
Schmalspur-Denken (Stadtverwaltung verengt Straßen zur Verkehrsberuhigung)
Einen an der Glocke (Der Wahn des Hupens)
Weihnachtshase und Ostermann (im September beginnende Festwerbung/-verkauf)
Nicht Jacke wie Hose (Modenschau)
Abgehoben (Yogisches Fliegen)
Rückwärts und voll vergessen (Kritik der SPD-Politik)
Über den Löffel Salat balbiert (Wenn Verkäuferinnen ein bisschen schummeln)
Kapitale – Fehlentscheidung? (Wenn Bonn Hauptstadt geblieben wäre)
Gunstwerke (öffentliche Aufträge für Künstler)
Narrentanz und Mummenschanz (Karneval)
Ein dicker Brocken (Bahnfahrpreise im Harz)
Alles, nur nicht Fassade (Kritik am Architekturstil)

Ritter der Tafelrunde (Ehrung eines Spitzenkochs)
Schöner unsere Städte – gemeiner unsere Dörfer (Verschärfung des Stadt-Land-Verhältnisses)

Aber das Spiegeln, also Gestalten einer Zeitungsseite durch den Redakteur beinhaltet nicht nur das Entwerfen oder Verbessern von Überschriften, die in die entsprechenden Spaltigkeiten passen müssen. Es gelten viel mehr gewisse Regeln wie: Foto nie direkt neben über oder unter ein anderes Foto, auch nicht Ecke an Ecke; lass auf Fotos einen Menschen oder ein Fahrzeug etc. niemals „aus der Seite heraus" laufen oder -fahren; baue niemals Artikel mit gleicher Spaltenzahl nebeneinander, also etwa Einspalter neben Einspalter; und setze niemals Artikel direkt nebeneinander, dass für das Auge des Betrachters zwei Überschriften als eine einzige (durchweg-)gelesen werden können. Aber das sind nur Beispiele. Aufmacher, Keller, alles das hat seine eigene Determiniertheit, auf die streng zu achten ist.

Auch inhaltlich sollte der Seitenmacher einen Blick für das Ganze haben. Der Volksstimme passierte es im März 2024, dass sie auf der Titelseite ein großes farbiges Bild des froh gelaunten Pittiplatsch aus dem Magdeburger Elbauenpark abdruckten, und direkt darunter den Aufmacher (also Hauptartikel) in exakt gleicher Breite mit folgender, trauriger Überschrift: „Flixbus-Unfall mit fünf Toten bei Halle". Aber ich mache den Redakteuren, die im hektischen und stressigen Alltag ihren Job machen, keinen Vorwurf. Heute sparen Verlage an allen Ecken und Kanten. Korrektoren gibt es längst nicht mehr, der Chef von Dienst sieht auch nicht alles, und so rutscht so etwas durch.

Als Journalist ist man jedenfalls selbstredend der Wahrheit verpflichtet. In der DDR war das etwas anders. Das Neue Deutschland, von dem alle anderen Tageszeitungen und Medien abzuschreiben hatten, war nichts weiter als ein Instrument von Agitation und Propaganda, ein „Einwickel"papier in jedem Sinne. Leser und Fische wurden damit eingewickelt. Ein Monstrum weitgehender Lügen. Aber auch heute glauben viele Menschen wilden Verschwörungstheorien, misstrauen den Medien, vor allem den öffentlich-rechtlichen. Dieser Verächtlichmachung der Medien als vermeintlich verlängerter Arm des Staates und so genannter Mainstream ist scharf zu widersprechen.

Hunderttausende Journalisten recherchieren täglich sorgfältig und arbeiten nach bestem Wissen und Gewissen. Sie haben alle Familien, Verwandte, Bekannte und wollen, dass alle diese und auch die weiteren Leser, Hörer und Zuschauer gut und umfassend informiert werden. Gäbe es hier systematische Manipulation, Beeinflussung oder Unwahrheit, käme dies sofort heraus, dies liegt in der Natur der Sache. Bei Hunderttausenden Schreibenden würde es zwingend durchsickern oder durch die Kollegen aufgedeckt werden. So wie sie schon so viele Schweinereien aufgedeckt haben.

Ausnahmen bestätigen allerdings auch hier die Regel und manche Bestverdiener unter den Journalisten des öffentlich-rechtlichen Rundfunks (ARD, ZDF, Phoenix) müssen sich allerdings tatsächlich eine zu große Nähe zur großen Politik vorwerfen lassen. Das sind aber trotzdem Ausnahmen, wenngleich einem die notorische Besetzung von politischen Talkshows mit immer denselben Nasen (zum Beispiel der FDP) schon lange zum Halse heraushängt. Immer dieselben oder zumindest die gleichen Gesichter. Haben die kein Schamgefühl?

Nichtsdestoweniger haben wir in Deutschland Qualitätsmedien wie kaum ein anderes Land auf dieser Welt. Das blenden queere Bewegungen, Wutbürger und Verschwörer gerne aus. Ich saß viele Jahre auf einem Redaktionsstuhl und verbürge mich für die Seriosität der allermeisten deutschen Journalisten. Keiner von ihnen könnte den eigenen Kindern in die Augen blicken, wäre er nur ein Handlanger des „Systems“, wie es heißt. Dass die Chefetagen der Sender nebst Moderatoren zum Selbstbedienungsladen mit 6- bis 7stelligen Jahresgehältern verkommen sind, ist allerdings nicht hinzunehmen und scharf zu verurteilen.

In 99,99 Prozent der Fälle sind meine Redaktion und ich dem Anspruch der Wahrhaftigkeit auch nachgekommen. Aber zwei lustige Ausnahmen in Form zweier Kurzmeldungen haben wir trotzdem gemacht.

1. Die Magdeburger Verkehrsbetriebe zeichneten sich viele Jahre lang durch notorische Unpünktlichkeit bis zum beinahe

täglichen Ausfall vieler Busse und Bahnen aus. Man ist als Fahrgast oftmals schier verzweifelt. Deshalb schrieben wir dann einmal folgende Kurznachricht: „Sensation: Die Linie 3 der Magdeburger Straßenbahnen (MVB) ist gestern von der Haltestelle Hauptbahnhof tatsächlich um 17.11 Uhr pünktlich nach Fahrplan abgefahren."

2. Am Hasselbachplatz sollte in einer bekannten Buchhandlung eine öffentliche Lesung mit einem Schriftsteller stattfinden. Wir konnten oder wollten aus irgendeinem Grunde nicht teilnehmen. Aber trotzdem berichten. Also erfanden wir einfach eine Meldung, dass die Lesung „ein großer Erfolg war" und der Autor „viel Beifall" erhielt. Am nächsten Tage kam heraus, dass der Dichter aus Krankheitsgründen gar nicht erschienen war und die Lesung ausfiel. Der Leiter der Buchhandlung hatte uns angerufen. Das war an Peinlichkeit nicht zu überbieten. Zum Glück hängte der gute Mann das nicht an die große Glocke und wir mussten kein böses Nachspiel erleben.

24. Schachtelsatz von einem Erlebnis vor langer Zeit

In der mit Plastikeierbechern in Hühnerform und dem Gemälde „Am Strand" von Walter Womacka ausgestatteten Datsche hatte ich endlich die verlässliche Nackte im „Magazin" und neben einer Wandzeitung niedliche Motschekiepchen entdeckt, bevor ich mein FDJ-Hemd auszog und mit einem fetzigen Nicki aus Dederon und einer Niethose „Wisent" bekleidet gemeinsam mit meiner Patenbrigade in einen Barkas stieg, der uns zur Konsum-Kaufhalle brachte, in der ich Muckefuck, Zetti-Knusperflocken und Fruchtdrops kaufte, um dann in der HO-Gaststätte eine Brause zu trinken und mit Alubesteck erst Soljanka und dann Broiler mit Letscho und Sättigungsbeilage zu mir zu nehmen, worauf ich ein Landambulatorium aufsuchen musste.

25. Jede Menge Rost an der Post

Weihnachtszeit, Geburtstage, Jubiläen. Zeit auch zum Verschicken von Grüßen und Glückwünschen. Es soll ja noch Menschen geben, die in diesen Fällen einmal auf E-Mail oder Whatsapp verzichten. Schreiben auf dem Klapptisch, ganz haptisch. Mit der Hand, wie anno dunnemal, auch wenn dies angesichts von zweifelhaften Sprachprogrammen in der digitalen Kommunikation immer seltener wird. Und einhergeht mit dem Verlust der Fähigkeit zur eigenen Handschrift und der Kenntnis von Grammatik, Orthografie und Ausdrucksfähigkeit, also einem gewissen Schreibstil. Wir werden ärmer.

Wenn ich Politiker (Lindner, Habeck, Heil) in der Regierungsbank mit dem Daumen auf ihren Handys herumtippen sehe, wird mir schlecht. Noch übler wird mir, wenn ich diese Praxis bei unseren Kindern beobachte. Eine Kultur des westlichsten Westens, wo er an seinem am Ende oder geografisch zu Ende ist: Im Silicon Valley in Kalifornien. Westlicher geht nicht. Alles, was von dort den Europäern in den Trog geworfen wird, fressen die ungeprüft. Weil sie es müssen.

Zurück zur Deutschen Post. Zum Glück habe ich einen sympathischen Postboten, der sein Herz am richtigen Fleck hat und mein Gemüt nach Besuchen von Postfilialen, oder sollte ich sagen Restpost(en)filialen, wieder aufheitert. Immerhin stellt er die wenigen verbliebenen, handschriftlichen Briefe und Postkarten freundlich zu. Ohne ihn, der miserabel bezahlt wird, würde ich mich wieder nach der guten alten „Christel von der Post“ zurücksehnen.

Was aber, wenn ich meine zu verschickende Papierpost direkt zur Post in eine solche einsame Filiale bringen möchte, damit der Versand vielleicht beschleunigt wird? Der Verstand scheint dort jedoch nicht gerade beschleunigt zu sein. Eher der Verdruss. Die Länge der Schlangen in Postfilialen – wo es sie noch gibt - kann inzwischen mit der Staulänge auf der A 2 bei Totalcrashs mithalten.

Die Post war vor 200 Jahren vielleicht eine „Wagenrad-Spur“ langsamer, hat aber ganz sicher viel besser funktioniert. Manchmal wünscht man sich die Zeit des Faltens (das beschriebene Blatt Papier bildete gleichzeitig den Briefumschlag) und des Benutzens einer Petschaft mit rotem Siegellack wieder zurück. Das hatte noch Charakter. Ein solcher Brief wog schwer in der Hand. Und oft auch im Kopfe.

Zurück zum Heute. Auch die Postbank, bei der ich Kunde bin, hat sich längst aus diesen heutigen Filialen verabschiedet. Man sucht auch vergeblich nach Geldautomaten dort. Es soll sowieso Versuche von ganz oben geben, uns das Bargeld wegzunehmen und damit einen letzten Rest Selbstbestimmung. Wir werden immer gläserner und überwachter. Der Roman „1984“ von George Orwell lässt grüßen. So weit, so schlecht. Das digitale Bezahlen ist zwar modern und neu, aber es lässt uns Bürgerinnen und Bürger letztendlich ziemlich alt aus sehen.

Verschwunden sind bei der Post auch weitgehend die Automaten zum Briefmarkenerwerb. Wahrscheinlich, weil diese Erfindung sinnvoll und kundenfreundlich war und Zeit sparte. Wenn man heute nichts als ein paar Briefmarken kaufen möchte, kann man Stunden dafür einplanen. Schon lange nutze ich deshalb ungestempelte Briefmarken von erhaltener Post ein zweites Mal. Ich schneide diese aus und lege sie in ein Wasserbad auf einen Unterteller. Nach kurzer Zeit lassen sich die „Postwertzeichen“ wunderbar ablösen. Ich trockne sie dann und kann sie mit einem Prittstift wiederverwenden. Eingeweihte Postkunden kennen diese Praxis. Das spart Pensunse und macht Spaß. Und vermittelt ein wenig Genugtuung angesichts der gewachsenen Kundenfeindlichkeit der Deutschen Post der Bundesrepublik Deutschland.

Bleiben wir bei den Briefmarken. Da wollte ich neulich einen Stapel Briefe in meiner Schrumpffiliale frankieren lassen. Freimachen. Daher kommt wahrscheinlich die Redewendung „frank und frei“. Ich äußerste also frank und frei mein Anliegen, als ich endlich dran war. Der Mann da hinter der Theke klebte zwar noch echte Marken aus gummiertem Papier drauf, aber so liederlich, dass sie an einer oder zwei Ecken halb hochhingen. Das war „unterirdisch oberflächlich“. Aber ich hatte dabei noch großes Glück, denn er nahm nicht - wie sonst immer - so ein kleines lieblos bedrucktes, ungezahntes Papierviereck als billigen, geschmacklosen Ersatz für eine philatelistische Kostbarkeit namens Briefmarke.

Beim nächsten Mal klebte ich die Marken vorher lieber selber drauf. Ordentlich. Denn ich wollte die vollends hässlichen Aufkleber von vornherein ausschließen. Ich haue da nach dem Kleben der feinen, oft mit höchst interessanten Motiven bedruckten Marken immer nochmal mit den Faustballen drauf, ein paar Mal. Der Empfänger soll nämlich nicht nur Freude am Inhalt des Briefes, sondern auch an der Verpackung dieses Inhalts haben. Wie zu Weihnachten (für Westdeutsche: „an Weihnachten"). Funktion und Form als Einheit wie seit Jahrhunderten. Bis vor wenigen Jahrzehnten funktionierte das, bis die neoliberalen Durchrationalisierer dem ein Ende bereiteten.

Mit meinen schön und rechtwinklig beklebten Rohbriefen ging, nein fuhr ich also wieder zur Postfiliale. Diesmal nahm der Mann den Stempel zur Hand, haute ihn einmal ins Kissen und stempelte den Riesenstapel damit in einem durch, was zur Folge hatte, dass auf den letzten fünf Briefen nichts oder kaum etwas davon zu sehen war. Sein Kommentar: „Egal, was bei mir durch ist, geht raus." Das Eingeständnis also, dass die Post auch noch das schöne Hobby der Philatelie kaputt knallt. Auch wenn sich mancher Empfänger wie etwa ich beim Erhalt des Briefes über den Erhalt der jungfräulichen Briefmarke freuen würde.

Früher hatte solch ein Stempel auch Informationen über das Datum hinaus und war nicht selten extra besonders gestaltet. Zum Beispiel zu besonderen Stadtjubiläen oder Ausstellungen. Alles vorbei. Alles von gestern. So wie die Deutsche Post. Ich glaube, nächstes Jahr ordere ich einen Kremser und fahre meine Weihnachtspost lieber selber ins Land hinaus. Das dauert wahrscheinlich nicht viel länger als die herkömmliche Variante mit der Deutschen Post. Es ist aber entspannter und macht mehr Spaß. Ich wünsche Ihnen gelungene Wünsche- und Glückwunschspost! Whatsapp oder dergleichen zählt nicht.

26. Galgenhumor: Wie manche Zeitgenossen von uns gingen

Der Gärtner biss ins Gras.
Der Optiker sah dem Tod ins Auge.
Der Beamte ist entschlafen.
Der Schornsteinfeger kehrte nie wieder.
Der Professor gab seinen Geist auf.
Dem Uhrmacher schlug die letzte Stunde.
Der Pfarrer segnete das Zeitliche.
Der Koch gab den Löffel ab.
Der Zahnarzt hinterließ eine schmerzliche Lücke.
Der Maurer kratzte ab.
Die Wäscherin ist verblichen.
Der Lokführer lag in den letzten Zügen.
Der Schizophrene ist verschieden.
Der Vergessliche verlor sein Leben.
Der Fleischer metzelte sich nieder.
Der Notar machte sein Testament.
Der Anwalt trat vor den höheren Richter.
Dem Elektriker wurde das Licht ausgepustet.
Der Spaziergänger ging dahin.
Der Ehemann war erledigt.
Der Anfänger sah sein Ende kommen.
Der Musiker ging flöten.
Und der Flötist pfiff auf dem letzten Loch.

27. Synchronizität – die wundersame Gleichzeitigkeit gleichartiger Ereignisse

War das der göttliche Funke? Neulich habe ich mir die großen Abraumhalden der Kaligrube Zielitz mit dem so genannten Kalimandscharo als deren höchster Erhebung zumindest von außen angesehen. Sehr beeindruckend. Vor dem Betriebstor gibt es auf dem Parkplatz Hinweistafeln zum Kalibergbau und zu einer möglichen Tour auf diesen höchsten Gipfel im weiten Umland. Das las ich mir in Ruhe durch, um dann wieder in mein Auto zu steigen. Ich schaltete wie immer das Radio ein, um Musik oder Nachrichten zu hören, noch vor dem Starten. Der erste Satz, den ich dort im Deutschlandfunk am 7. März 2024 am frühen Nachmittag hörte, war: „Setzen Sie den Helm auf, nun geht es in den Schacht!" Es ging um Bergbau. Ich hatte vorher von dieser Sendung vorher weder etwas gewusst, gelesen, gehört oder geahnt. Nichts.

Unglaublich: Eine Minute zuvor hatte ich Informationen über den Salzbergbau in Zielitz gelesen, um im selben „Moment" rein zufällig eine Sendung über Bergbau (!) einzuschalten. Die Chance für solch ein von einer einzigen Person wahrgenommenes „Doppelereignis" kommt fast einem Lottogewinn gleich. Alle wie viel Jahre fahre ich vor Ort, um mir ein Bild vom regionalen Bergbau zu machen? Alle drei, fünf oder zehn Jahre? Oder vielleicht nur dreimal oder zehnmal im ganzen Leben? Nimmt man nur einmal ein einziges Jahr als Zeitraum heraus: Innerhalb einer einzigen, ganz bestimmten Minute von über 500.000 Jahresminuten habe ich sowohl vom Bergbau gelesen als auch danach zufällig im Radio gehört. Das ist vollends verrückt. Nicht zu begreifen. Denn auch im Radio wird höchst selten vom ostdeutschen Bergbau und Bergbau insgesamt berichtet. Da kam zwar in einer Minute etwas zusammen, was überhaupt nicht und trotzdem irgendwie zusammengehörte, aber dennoch war es viel unwahrscheinlicher als der Mauerfall 1989.

Ich habe in meinem Leben oftmals die völlig unwahrscheinliche Erfahrung oder Beobachtung solcher scheinbar oder tatsächlich zufälligen Gleichzeitigkeit verschiedener Ereignisse gemacht, die unabhängig voneinander passieren und nichts außer dem gleichen, ja fast kongruenten „Gegenstand" der Sache miteinander gemeinsam haben. Das wirkt jedesmal wie ein Wunder, man glaubt es erst gar nicht. Man sagt „Das gibt's doch gar nicht.“ Man mutmaßt, dass der „liebe Gott“, irgendetwas Höheres oder ein magischer Zauber seine Hände im Spiel haben muss. Nicht selten wähnt man solche Erlebnisse auch an der Schwelle zur Hellseherei bzw. zumindest einer Fähigkeit der gewissen Vorausahnung. Manche Menschen, denen so etwas öfter widerfährt, werden gar als „Medium“ stilisiert. Das ganze Phänomen wird mit dem Begriff Synchronizität beschrieben.

Ein zweites Beispiel: Vor vielen Jahren fuhr ich einmal wieder nach Leipzig zu meiner Tante und Cousine. Bei dieser Gelegenheit machte ich später noch einen Bummel durch die Altstadt. Zu meiner Freude entdeckte ich ein Spezialgeschäft für alte Schreibgeräte, besondere Drucke, Stempeln, Siegeln, Büttenpapieren und Schriften usw. So etwas gibt es wohl nur in der Buchstadt Leipzig. Weil mir ein erschwingliches A-4-Blatt mit dem alten Sütterlin-Alphabet ins Auge fiel, erwarb ich dieses schöne, historische Stück. Meine Großmutter hatte in dieser Schreibschrift noch ihre Briefe verfasst und da ich in einer Druckerei gelernt hatte, interessierten mich Schriften ohnehin besonders. Stolz fuhr ich mit dem „Fund“ wieder nach Hause.

Dort angekommen, schaute ich zunächst im Briefkasten nach Post. Oh, dachte ich, mein lieber Sohn Max (der damals bei seiner Mama wohnte) hatte mir einen Brief geschrieben. Das passierte äußerst selten, da wir uns regelmäßig sahen. Der sehr liebevoll verfasste Brief des Grundschülers hatte noch ein zweites Blatt als „Anhang“: Es war das handschriftlich von ihm niedergeschriebene Sütterlin-Alphabet. Im Anschreiben hatte er stolz berichtet, dass sie „heute in der Schule“ dieses Alphabet gelernt hätten. Ich traute meinen Augen nicht. Ich wollte es nicht glauben. Konnte das wirklich wahr, also „so“ passiert sein? Ja, war es.

Aus der Reisetasche in der linken Hand hatte ich das Sütterlinblatt aus Leipzig, in der rechten das Sütterlinblatt meines Sohnes im Brief. Weder wussten seine Mama oder ich, dass dies überhaupt im Lehrplan und schon gar nicht an diesem Tage stand, noch wusste Max von meiner Reise und deren Mitbringsel. Jahrelang vorher war weder ihm noch mir dieser Begriff überhaupt in den Sinn gekommen. Meine Entdeckung in

Leipzig war rein zufällig und die letzte Handschrift meiner Oma hatte ich vielleicht 20 Jahre vorher gesehen. Es gab also absolut keinen Zusammenhang zwischen beiden Ereignissen. Und trotzdem die Parallelität. Welcher Physiker, Soziologe, Mathematiker, Statistiker oder Philosoph kann dafür Erklärungen drechseln? Wie hoch ist die Wahrscheinlichkeit, dass diese zwei äußerst seltenen Ereignisse punktgenau zusammentrafen? Und: Ist das überhaupt mit Wahrscheinlichkeit zu erklären?

Drittes Beispiel: Ein paar Tage vorher habe ich mit ihm über alte, legendäre Fußballmannschaften gesprochen und auch den großen, aus Dresden stammenden Trainer der westdeutschen Nationalmannschaft erwähnt, Helmut Schön. Mit ihm war Deutschland 1974 Weltmeister geworden, nachdem die BRD gegen die DDR in Hamburg 0:1 durch das Sparwasser-Tor verloren hatte. Max hatte den Namen Helmut Schön nie zuvor gehört. Als wir kurz darauf das Radio einschalteten, berichteten sie dort ausgerechnet über den Trainer Helmut Schön. Mein Sohn war Zeuge. Wir haben uns nur achselzuckend angeschaut.

Viertes Beispiel: Seit vielen Jahren oder überhaupt das erste Mal dachte ich vor einiger Zeit plötzlich einmal daran, dass doch eigentlich **ich** auch einmal dran wäre, vom Meinungsforschungsinstitut Infas, dimap oder Forsa angerufen zu werden. Just in diesem Augenblick klingelte das Telefon, ungelogen: Forsa hatte den Zufallsgenerator meine Telefonnummer auswählen lassen, um sich nach meiner Zustimmung 25 Fragen einer Umfrage zur Politik in Ostdeutschland beantworten zu lassen. War das Vorahnung, Vorsehung, Hellsicht meinerseits?

Fünftes Beispiel: Neulich saß ich in der S-Bahn und mir kam plötzlich ein Gedanke an eine uralte Bekannte, die ich seit vielen Jahren nicht mehr gesehen hatte. Als ich wenige Minuten später zu Hause ankam, klingelte das Telefon. Genau diese Bekannte war dran. Gudrun. Haben Sie, liebe Leserinnen und Leser, so etwas oder Ähnliches nicht auch schon einmal erlebt?

Sechstes Beispiel: Im März 2024 fuhr ich nach Milow im südlichen Westhavelland, um mir eine noch nicht lichtverschmutzte, sternenklare Nacht anzusehen und am

Folgetag zu wandern. Im Ort fiel mir eine Kirche auf, die man zur Filiale einer Sparkasse umfunktioniert hatte. Ich sprach kurz mit dem Bankangestellten über diese befremdliche Verwandlung. Jesus, der vielleicht Auferstandene, der die Händler und Wucherer in Jerusalem aus dem Tempel gejagt hatte, schüttelt sicher seinen Kopf über diese Entweihung einer Kirche. Als ich nach Hause kam, stellte ich, um ein wenig Musik zu hören, das Radio an. Der erste Satz, der dort mit dem Einschalten gesprochen wurde, war: „In Milow an der Havel zog in ein Gotteshaus eine Bankfiliale ein, die evangelische Kirche ist in Teilen entsetzt, auch weil dies alles rechtens war."

Dem kann ich eigentlich nur zustimmen. Aber dieses Zusammentreffen des selben Themas an einem Tage, war das Zufall? Warum bin ich ausgerechnet am 27. März und ausgerechnet nach Milow und nicht nach Treuenbrietzen oder Parey gefahren? Und warum wurde ausgerechnet an diesem Tage und nicht irgendwann anders in meinem Leben, als ich auch noch ausgerechnet diesen bestimmten Sender hören wollte, als Erstes genau dieser Satz gesprochen? Den ich kurz zuvor in der Realität erlebt hatte? Einfach unglaublich. Aber wahr.

Ein Gegenbeispiel: Vor einiger Zeit kündigten sie im Deutschlandfunk ein Hearing über die damalige Kanzlerfrage an und ich fragte mich vorher, warum bei der üblichen Live-Telefonbeteiligung von Hörern eigentlich niemals jemand aus Sachsen-Anhalt zu Wort kam. Ich hörte regelmäßig, und es war so. Was passierte? Ausgerechnet in jener Sendung wurden ausschließlich Hörerinnen oder Hörer aus Sachsen-Anhalt in Ergänzung der Expertenrunde in die Sendung geschaltet. Was einseitig und nicht gleichbehandelnd war. Aber ich gebe zu, dass dies vielleicht doch kein purer Zufall war, ich wahrscheinlich nur im richtigen Augenblick die richtige Frage hatte, die Zeit reif war. Es war „im Schwange", wie man sagt. Dieses Beispiel kann man also nicht zählen.

Andererseits gibt es zum Beispiel beim Zeitungslesen immer wieder erstaunliche „Zufälle". Es gibt absolut seltene Namen oder Begriffe, die hier nur selten oder nie abgedruckt werden. Wenn es hoch kommt, alle paar Jahre einmal oder bestenfalls einmal im Jahr. Katamaran, Madame de Epinay,

Schnitzeljagdfieber, Antananarivo oder Kamtschatkabär. Immer wieder passiert es mir, dass mir solche Begriffe aus irgendeinem Grunde plötzlich einfallen und ich diesen einen davon unmittelbar danach in der Zeitung lese. Mir fallen diese Begriffe – so etwa wie im Traum auch – nie aus einem Anlass, einer Anregung, einer kürzlichen Erfahrung ein, sondern spontan tief aus dem Gedächtnis, aus dem Inneren heraus. Aus weiter nichts. Und trotzdem erscheinen sie dann sogleich in der äußeren Wirklichkeit.

Das ist nahezu unbegreiflich. Warum diese Nähe? Kein Sechser im Lotto hat diese Wahrscheinlichkeit. Ist das alles Kokolores oder doch eine Art Hellseherei? Religion und Parapsychologie habe ich lange als Flucht vor der Wirklichkeit begriffen. Oder als nicht vollends seriös. Auch wenn sich die Wissenschaft bemüht und Vieles vielleicht einfach „reif" ist, dicht beieinander zu liegen, bleibt Synchronizität für mich ein Rätsel. Dazu ist sie einfach zu wundersam, zu unwahrscheinlich, zu faszinierend. Ist die Duplizität der Ereignisse ein göttlicher Funke?

28. Adam und Eva und der Appel

Die Frucht aller Früchte, zumindest im christlichen Abendland, ist zweifellos der Apfel. Europas Frucht Nummer eins. Diese Frucht ist darüber hinaus kulturkreis- und kontinentüberschreitend. Denn auch die sich im Morgenland abspielende, biblische Geschichte, welche später das ganze Abendland und weitere Teile der irdischen Welt faszinieren und ergreifen sollte, geht nach Gottes Erschaffung von Adam und Eva mit dem Verzehr eines Apfels einher. Was muss das für ein unglaublicher Geschmack im Paradiese gewesen sein!

Wie steht es geschrieben? Eva wird von der Schlange in Versuchung geführt, die ihr sagt, dass sie durch den Verzehr des Apfels nicht sterben, sondern dann vielmehr Gut und Böse erkennen würde. Daraufhin isst sie eine solche, überaus wohlschmeckende Frucht vom Baum der Erkenntnis und gibt sie dann ihrem Mann Adam. Im Anschluss erkennen beide, dass sie nackt waren. Was dann folgte, ist vorstellbar. Zumindest mit dieser fulminanten Schnittstelle von Altem und Neuem Testament nahm das Menschendasein seinen Anfang.

Noch 2000 Jahre später bei Schneewittchen findet sich das Gute und das Böse in einem einzigen Apfel. Und auch sie konnte der Versuchung nicht widerstehen. Man muss der Bibel natürlich nicht Wort für Wort glauben, aber man kann die Gleichnisse sehen und sowohl das Metaphysische als auch das Metaphorische erkennen. Man könnte zum Beispiel mutmaßen, dass das, was mit einer kleinen „Sünde“ begann, folgerichtig auch mit einer Sünde enden muss. Mit der Sünde der Apokalypse. Aber ganz soweit sind wir vielleicht noch nicht.

Die Schöpfung jedenfalls ist derart großartig und unbeschreiblich und unerklärbar, dass die Menschen Erzählungen erfanden und weitergaben. Die sind nicht vollends wahrhaftig, aber kreisen mal ferner und mal näher um das Wahrhaftige. Und das ist schon viel und des Studiums des geistigen Erbes der Menschheit wert. Zumal auch die Wissenschaftler – etwa mit der Annahme des Urknalls – keine letzte Erklärung finden und niemals finden werden. Es wäre ungeheuerlich arrogant, den Erkenntnisprozess allein der Physik oder allein der Metaphysik zu überlassen. Damit machte man es sich zu einfach.

Denn vor dem ganz großen Ganzen, vor der Existenz von allem und jedem, vor der Ewigkeit und Unendlichkeit, vor der Gegenwärtigkeit des Daseins und seiner unbegreiflichen Schönheit, dem Wunders des Lebens - sind sie alle sehr sehr klein und demütig. Und wenn nicht, dann sollten sie es sein. Physiker wie Metaphysiker. Die Dimensionen sind einfach zu groß für sie, für uns.

Zurück zu Adam und Eva. Und zum Apfel der Erkenntnis. Die biblische Metapher hat sich seinerzeit schnell verbreitet. Und so hörte man auch in Nordeuropa und Norddeutschland davon und begründete den christlichen Glauben und baute wunderbare Kirchen, die uns in ihrer architektonischen Wucht und Prächtigkeit noch heute den Atem rauben. Reims, Chartres, Amiens, Paris, Köln, Magdeburg. Man las also in unseren Breiten – nach dem Wittenberger Martin Luther auch auf deutsch und dem einfachen Volke zugänglich – vom gewissen Apfel. Dieser Apfel hieß hier im Dialekt Appel. „Jibbst de mir mal n Appel?“ sagt man auch in Parey an der Elbe, wo ich aufgewachsen bin.

Aber auch noch weiter nördlich sagt man Appel. Und dort oben sagt man zur Zeit Tid. Diese Zeit unterm Apfelbaum im Paradies muss also für Adam und Eva – aus der Sicht der Norddeutschen – eine echte Appeltid gewesen sein. Nun weiß ich endlich, wie der Begriff Appetit entstanden ist! Es haben wohl niemals zuvor und niemals danach wieder Menschen solch einen Appetit gehabt wie Adam und Eva auf ihren Apfel vom Baume der Erkenntnis. Was folgte, war die Ur-Erkenntnis. Die Erkenntnis des Lebens. Nichts verkörpert dieses Leben also so deutlich wie ein Apfel. Er tut dies eingedenk der Tatsachen des Befalls von Schädlingen und seiner Vergänglichkeit einerseits und der prallen Schönheit, des einzigartigen Geschmacks und seiner nie endenden Wiederkehr andererseits. Vielleicht hat da ja doch Gott oder wer auch immer die Hand im Spiel gehabt.

29. Saftiges Steak oder saftiges Fallobst?

Wenn ich jetzt immer von Stakeholdern höre, denke ich, jetzt gehen die in ein rustikales Restaurant mit feinen Rumpsteaks. Das ist natürlich Quatsch. Die haben nur ein gemeinsames Interesse an irgendetwas. Immerhin können Stakeholder auch an einem Steak interessiert sein, wenn sie mal eine Pause machen bei der Projekthasche, und zum Steakholder werden. Aber mal im Ernst:

Was die Ernährung angeht, wird heute alle Rümpfnase lang ein Rind, pardon, eine neue Sau durchs Dorf getrieben. Die zu verspeisen natürlich längst nicht mehr verpökelt, sondern verpönt ist. Anrüchig. Ein berühmter Archäologe aus Halle an der Saale sagte aber kürzlich: „Ich esse jetzt ganz oft ordentliche Steaks, seit dem habe ich ganz schön abgenommen. So gesund. Die haben schon vor 4000 Jahren gejagt und gefischt und Fleisch gegessen, und siehe da – die Menschheit gibt es immer noch."

Er sprach ja immerhin von „ordentlichen" Steaks. Ja, was ist das eigentlich? Wenn ich ans Klima und an den Tierschutz denke, würde ich – zugegeben – ein saftiges Wisentsteak aus freier Wildbahn einem Schnitzel aus Massentierhaltung wirklich vorziehen. Und das nicht, weil ich zu DDR-Zeiten mal eine Wisent-Jeans getragen habe. Leider gibt's von solchen Steaks aber nicht genug. Aber will ich mich tatsächlich wie in der Altsteinzeit ernähren?

Ein neuer woker Ernährungstrend ist gerade im Kommen, bei dem Menschen jetzt aber genau das tun. Das sind die sogenannten Paläos oder Paläoaner. Erlaubt sind Beeren, Fisch, Wild, Eier, Pilze, Obst und Nüsse. Verboten sind Brot, Nudeln, Zucker, Käse und andere Milchprodukte. Denn das Paläolithikum war jene Zeit vor dem Neolithikum, in welchem sich Ackerbau und Viehzucht erst entwickelten.

Noch viel konsequenter sind allerdings die Fruganer oder Frutarier. Vegetarier oder Veganer sind also echt von gestern. Gefühlt aus der Jungsteinzeit. Die Frutis jedenfalls essen nur noch, was runterfällt, denn Pflanzen wie zum Beispiel Bäume darf man nicht stören, verletzen oder beschädigen, in dem man zum Beispiel Früchte abpflückt. Samen, Nüsse und Fallobst vom Boden dürfen gegessen werden.

Tja, liebe Vegetarier und Veganer, von denen könnt ihr euch tatsächlich noch ne Scheibe vom fauligen Apfel abschneiden. Mich verwirrt das alles sehr. Deshalb esse ich immer noch ewig-gestrig, was mir schmeckt: fischig-salzige Anchovis, Chilischoten mit feuerspeiender Wirkung, Geselchtes vom fetten Schwein mit Kümmel, feines Hirn gebraten mit Rührei und Zwiebeln, dazu Kapern und Oliven. Auch wenn letztere anderen wie eine Mischung aus Hundepisse und Dieselöl schmecken. Guten Appetit!

30. Kindheitssplitter: Als zwei vom Rad gefallene Damen spektakelten

Mein Kinderbett war ein Designerentwurf meines Vaters. Sauber verschweißte, kindgemäß gebogene Stahlrohre als Rahmen, also ohne jede Ecke und Kante, glatt und fein lackiert in einem neutralen Beige, dazwischen eine Art durch Ösen befestigtes Fußballnetz gespannt, durch das das Baby zwar zu den Eltern heraus und diese umgekehrt hineinschauen konnten. Aber das Kind konnte dabei eben nicht herausfallen. Einfach genial! Das regelmäßige Kuscheln im großen Elternehebett passierte trotzdem sehr oft.

Mit fünf Jahren bekam ich plötzlich Keuchhusten. Ich wurde mit Blaulicht ins Krankenhaus nach Burg gefahren und dies ist nach dem Kuscheln mit den Eltern auch eine der ersten Erinnerungen an meine Kindheit. Aber es ging zum Glück alles gut da im Jahre 1961. Mein Brüderchen René war da wohl schon „unterwegs", wie man sagt.

Im Jahre 1962 wurde ich mit sechs Jahren Dorfmeister im Rollerrennen, welches in Parey parallel zum Elbe-Havel-Kanal über etwa 400 Meter durchgeführt worden war. Ich hatte einen tollen luftbereiften Roller mit Speichen. Ich war damit fast so schnell wie ein Fahrrad, viele solche habe ich im Straßenverkehr tatsächlich überholt. Die schauten dann nur verdutzt hinterher. Kurze Lederhose, karierte Kniestrümpfe: Ich war stolz wie Oskar, als ich dann die Kleine Friedensfahrt am Kanal gewann. Obwohl die Pareyer Oberschule, die das organisierte, nicht einmal eine kleine Urkunde oder einen Lolliball für den Vorschul-Sieger übrig hatte. Schwach.

Einmal fuhr ich mit dem Roller im Neuen Weg von Parey genau zwischen zwei älteren Fahrradfahrerinnen hindurch, die ich dabei wohl leicht berührte. Es war wie im Film: Die beiden Damen mit Kopftüchern und Strickjacken kippten wie in Zeitlupe um, die linke zur linken und die rechte zu rechten Straßenseite. Da saßen sie nun verdattert auf der Straße, aber es war zum Glück nicht viel passiert und sie blieben unverletzt. Ich habe noch mitbekommen, wie sie wild gestikulierten und schimpften wie die Rohrspatzen. Ich haute ab.

Das war jene Zeit, als mein „Onkel“ Wolfgang, ein Freund meines Vaters, dann ein paar Monate später beide Ehepaare und mich in seinen schicken weinroten Skoda lud und mit uns in den knietief verschneiten Winterwald zwischen Burg und Genthin fuhr. Mein erstes echtes Schneeerlebnis. Mit Sonnenschein. Nur in einem Moment war ich tieftraurig: Als die Männer sich einen Spaß machten und meine geliebte Mutter in den Schnee schubsten. Als sie da so hilflos saß und ein unglückliches Gesicht machte, habe ich das damals als Drama empfunden. Ich habe sie aufrichtig getröstet. Erst später als fast Erwachsener wurde mir die Harmlosigkeit dieser Szene bewusst. Tja, Mütter sind eben doch etwas ganz Besonderes.

Sicher – mein Vater war ein Patriarch und hat mich auch geschlagen. Abgezählte Schläge mit einem Rohrstock auf den nackten Hintern. Dabei musste ich mich vor das Bett knieen, Kopf ins Kissen. Dann zählte er bis fünf oder sieben. Das Vergehen war, ein Glas Apfelmus aus dem Keller geklaut und gemeinsam mit meinem Bruder heimlich im Garten draußen hinter einer Schwarzkiefer ausgelöffelt zu haben. Für so etwas oder Ähnliches wurden wir auch in den stockdunklen Besenschrank gesperrt. Ich bin meinem alten Herrn nicht so sehr böse darüber. Zum einen war er selbst so hart erzogen worden, zusätzlich auch als Pimpf in der Hitlerjugend. Zum anderen habe ich so sehr viel von meinem Vater gezehrt und gelernt – das ganze Allgemeinwissen, die kulturelle und Lebensbildung. Ein Kosmos, den ich nicht missen möchte.

Ende der 50er Jahre hatte sich mein Vater in Westberlin ein Luxusfahrrad gekauft, rot-metallic und mit Gangschaltung – völlig neu und ungewöhnlich in der DDR damals. Was für ein Hingucker! Wie glücklich war ich, als ich später dann mein erstes eigenes Rad von meinen Eltern geschenkt bekam. Ein grünes Diamant-Herrenrad mit der eingeprägten Nummer 5307194, die seither in mein Hirn geprägt ist, wie ich schon im vorigen Büchlein schilderte. Mit diesem Drahtesel, an den ich stolz einen Rückspiegel montiert hatte, fuhr ich dann auch die acht Kilometer nach Hohenseeden an die damalige F1 und heutige Bundestraße B1. Dort nämlich rauschte das internationale Fahrerfeld der echten Friedensfahrt vorbei, und an der Spitze tatsächlich der große Sportsmann und Weltmeister Gustav-Adolf Schur, genannt Täve! Ich weiß noch genau, an welcher Stelle wir Täve zugejubelt und ihn angefeuert haben. Mit „Täve, Täve!“ wurden auch viele der Verfolger begrüßt. Welch Ehre. Er wohnte ja gar nicht weit weg – in Heyrothsberge bei Magdeburg.

Das Fahrrad war mein ständiger Begleiter. Wie oft sagte mein Vater: „Schwing Dich auf Dein Rad und hole ein Brot von Bäcker Flutwedel. Ein großes 93er.“ Es kostete 93 Pfennige und war großporig, viel besser durchgebacken als der heutige Klitsch. Ich habe auch vieles anderes besorgen müssen und zum Beispiel Milch in der braunen Emaille-Kanne geholt – sie schöpften sie aus einem riesigen Bottich mit einer Aluminiumkelle dort hinein. Erst später kam Flaschenmilch auf. Einmal stürzte ich mit einer Thermoskanne voll Kugeleis auf die Straße. Alles dahin. Und ich traute mich kaum nach Hause.

Das Eis gab es in unserer legendären Eisdiele. Die war mitten im Ort und hatte Räume, die wie eine echte Höhle gestaltet waren, so mit buckelig verputzten Wänden. Das war neben dem Kino und dem Badesee „Gladows Loch“ der beliebteste Treff der Jugend von Parey. Mit dem dortigen Musikautomaten konnte man Schlager und „Beatmusik“ von Single-Schallplatten erklingen lassen. Die mit Abstand beliebteste Scheibe war „aus`m Westen!“, denn es handelte sich um den originalen Beatles-Song „I´m the walrus“. Unzählige Male gespielt in der Eisdiele, und es war ja auch einer der besten Titel der Liverpooler Pilzköpfe, fast sinfonisch. Musik für die Ewigkeit.

Später, so etwa mit 17 Jahren, bin ich dann eines Tages auf die Idee gekommen, ein halbwegs verrücktes Ding zu starten. Ich legte einen Zettel auf den Küchentisch, worauf wahrscheinlich etwas Ähnliches stand wie „Ich bin dann mal weg“. Darauf schwung ich mich spontan auf das Diamant und rauschte fast in einem Ruck von Parey bis Bad Düben, so 120 Kilometer. Ich kann mich nur an eine einzige Rast bei Oranienbaum erinnern. Mein Hintern tat weh, aber das Staunen meiner Großeltern wie auch meiner Cousine Juliane am Hoftor in der Erzberger Straße Dübens entschädigte mich vollends. Am nächsten Tage bin ich dann noch nach Leipzig zu meiner Oma Luzzi und Tante Helli sowie den Cousinen Sylke und Elke weitergefahren. Die guckten auch nicht schlecht aus der Wäsche, als ich, im Däumlingsweg angekommen, verkündete: „Ja, ich bin bin mit dem Radel da.“

Im Winter ersetzten zu Hause Schlitten und Skier das Fahrrad. Unser „Berg“ war schlicht nur der Pareyer Deich. Trotzdem war es eine helle Freude, die paar Meter herunter zu rauschen. Von dort war es nicht weit bis zum vereisten „Gladows Loch“. Dort ging es richtig zur Sache, denn wir spielten Eishockey bis zum Umfallen. Schlittschuhlaufen hatte ich noch mit meiner Mutters uralten „Eisen“ mit der Spiralspitze aus Wien gelernt. Dazu bauten wir uns aus Knüppeln die Hockeyschläger, und als Puck nahmen wir einen geeigneten Stein oder ein Stück Holz. Einmal hatte jemand sogar einen echten Puck besorgt. Die Tore bauten wir mit zwei Ziegelsteinen oder manchmal auch nur mit zwei hingelegten Jacken, denn kalt war uns bei diesem anstrengenden Spiel kaum noch.

In der Schule hielt sich die Anerkennung für gutes Lernen derweil in Grenzen, das hielt mein Vater für selbstverständlich. Meine Mutter war da deutlich anders, aber sie konnte sich nicht durchsetzen. Später steckte sie mir heimlich öfter mal ein paar Mark zu. Eine echte Mama eben. Aber irgendwie waren die guten schulischen Leistungen auch tatsächlich selbstverständlich, denn das Lernen fiel mir leicht, fiel mir einfach zu. Vielleicht hätte ich bei Belohnung deshalb ein winziges schlechtes Gewissen haben müssen. Dann war es doch wieder ganz okay, nichts bekommen zu haben, oder? Man weiß ja: Nur ein schlechtes ist ein gutes Gewissen.

Anerkennung der etwas anderen Art erhielten wir einmal mit unserem Schulchor vom Genthiner Gymnasium. Da sangen wir Lieder wie „Heut ist ein wunderschöner Tag“. Eines Tages fuhren wir mit unserem Musiklehrer und Chorleiter Rolli Käthner nach Altengrabow. Zur russischen Garnison. Zum Konzert. Mit unserem Gesangsensemble auf der Bühne in einer gigantischen Veranstaltungshalle gleich neben den Kasernen. Diese war mit Tausenden russischen Soldaten gefüllt, alle in Reih und Glied sitzend. Muschkoten bis zum Horizont. An den Sitzreihen schritten Offiziere entlang, die herausstehende Beine von Soldaten mit einem derben Stöckchenschlag zurück „in die Linie“ korrigierten.

So ganz wohl war uns bei diesem Anblick auch nicht. Als wir unseren Auftritt beendeten, gab es einen Beifallsorkan sondergleichen. Die Muschiks warfen ihre Fellmützen vor Freude in die Luft. Wir haben nie erfahren, ob diese Freude echt oder befohlen war. Zum einen war ein schlichter Schulchor für die Soldaten so besonders wie für uns ein Konzert mit zum Beispiel der Sterncombo Meißen. Das beschämte mich irgendwie. Aber vielleicht mussten sie auch aus Gehorsam, Loyalität oder Völkerfreundschaft applaudieren. Oder war es eine Mischung zwischen beidem? Jedenfalls fuhren wir einigermaßen nachdenklich zurück nach Genthin. Im Bus herrschte ziemliches Schweigen.

Wir Fahrschüler mussten dann wie immer weiter nach Parey. Mit der Eisenbahn oder dem Schulbus. Über Güsen oder Jerichow oder Bergzow. Meine Eltern waren in unserer Straße übrigens mit die letzten, die sich einen Fernseher anschafften, wo es professionelle und nicht so amateurhafte Shows wie die eben beschriebene zu sehen gab. Als Kind war ich traurig, dass ich mit anderen Kindern nicht mithalten konnte, wenn sie von „Fury“, „Rauchenden Colts“, „Gilligens Reisen“, „Skippy“ oder Disneyfilmen erzählten. Und später von Kulenkampfs „Einer wird gewinnen“. Die Leute schauten beinahe ausschließlich Westfernsehen. Außer das nicht zu toppende Sandmännchen und „Sport aktuell“.

In der Polytechnischen Oberschule Parey brachte ich bis zur Klasse 8 zwar gute bis sehr gute Noten, aber hängen geblieben ist bei mir eher mein zweiter Platz bei der Kleinen Friedensfahrt 1969 hinter dem Dorfhünen. Und vor dem sportlich Stärksten. Das gefühlt ganze Dorf stand gespannt und jubelnd am Straßenrand. Die Urkunde, die üblicherweise nach solch einem Rennen überreicht wurde, habe ich ebenfalls bis heute nicht bekommen. Ein anderer kleiner Erfolg war ein 100-Meter-Lauf bei der Spartakiade in Genthin. Die lief ich mit 16 Jahren in 11,8 Sekunden: Zweiter Platz. Und meine sieben Jahre als aktiver Fußballer zwischen 1967 und 1974 bei Traktor/Aufbau Parey würden ein kleines Buch füllen. Ein paar bemerkenswerte Details stehen im Fußball-Kapitel dieses Buches und im 1974er-Text des vorangegangenen.

Nach dem Abitur habe ich ab 1976 drei Semester Mathematik/Physik studiert, weil ich keinen anderen Studienplatz bekam. Offizier der Nationalen Volksarmee zu werden hatte ich abgelehnt und meine dort nur die obligatorischen 18 Monate „abgerissen". Mathe/Physik waren meine schwächsten Abi-Fächer. Darauf hatte ich keine Lust, so dass ich hinschmiss und ab dann meine eigenen Wege ging. Die der deutschen Sprache. Sie blieb meine Stärke und eine meiner größten Interessen. Ich habe sozusagen mein Hobby zum Beruf gemacht und war nach einer Zeit als Korrektor einer großen Druckerei viele Jahre Journalist der schreibenden Zunft und später Pressesprecher und Redenschreiber.

Zwischendurch habe ich meinem Sohn Max an der Willy-Brandt-Hauptschule in Magdeburg geholfen, dort die erste Schülerzeitung zu gründen und zu veröffentlichen. In den 90er Jahren habe ich eine erfolgreiche Dozentur im Fach „Journalismus" über ein Semester im Rahmen der Erwachsenenbildung durchgeführt, 80 Schulstunden nach selbst entwickeltem Lehrplan gegeben. Das hat mir immerhin ein gutes Honorar eingebracht und viel Spaß gemacht. Aber nicht ganz so viel Spaß wie das Schreiben meiner bisher zwei Bücher.

31. Plakative Merkwürdigkeiten der 16 deutschen Bundesländer

Baden-Württemberg

Das Schlimmste an diesem Bundesland ist die fürchterliche Mundart. So wie Schäuble können die meisten Schwaben dort nicht einmal ein „ch“ richtig sprechen, und das Endungs-n lassen sie auch weg. Immerhin sind sie stolz drauf und haben mit Hochdeutsch nichts am Hut, weil sie außer diesem ja angeblich „alles können“. Wirtschaftlich sind sie denn auch sehr erfolgreich, und man weiß nicht, ob das an ihrem Hausfrauengeiz oder an der Automobilindustrie liegt. Das Ganze macht dort in Stuagert selbst einen grünen Politiker zu einem konservativen Oberlehrer. Auch die Landschaft von der Schwäbischen Alb bis zum Bodensee kann sich mehr als sehen lassen und das Klima beschert den Leuten pralle Weinreben. Immerhin.

Bayern

„Zieht den Bayern die Lederhosen aus“, dieser Spruch kommt nicht von ungefähr. Und trotzdem sind wir alle etwas neidisch angesichts der sanften Voralpen- und bizarren Alpenlandschaft und des Erfolgs unter der blau-weißen Flagge. Es ist ähnlich wie mit New York, entweder man liebt dieses Bayern oder eben nicht. Dazwischen gibt’s nicht. Das Gleiche gilt für den FC Bayern. Ulrich Hoeness versus Sepp Meyer. Keiner oder alle beide. Über bayowarische Politiker mit ihrer Amigomentalität mag man die Nase rümpfen, auch über die „schweinisch“ einseitige Esskultur südlich des Weißwurstäquators. Andererseits haben München und Nürnberg überaus kultivierten Charme. Und: Das bayrische Franken hat die größte Brauereidichte Deutschlands.

Berlin

Berliner mag man bestenfalls als Pfannkuchen. Ansonsten sind es schnoddrige Großmäuler, die damit prahlen, dass hinter der rauen Schale ein weicher Kern stecken solle. Wer`s glaubt... Die Politik rings um das Kanzleramt, auf dem sich ein fiktiver Mercedesstern dreht, macht einem die Berliner auch nicht gerade sympathischer. Immerhin ist die Mauer weg, und das war ohne Zweifel eine gewaltige Leistung der Ostdeutschen und von Michael Gorbatschow. Hat der eigentlich dort ein Denkmal? Man fährt trotzdem gerne einmal hin, weil die Stadt viel zu bieten hat wie zum Beispiel die weltweit beachtete Museumsinsel, die Spree, das Olympiastadion oder den Fernsehturm. Aber leben möchte man in diesem, nicht eben sauberen Moloch nicht wirklich.

Brandenburg

Für viele gelten die Brandenburger als stoffelige, mürrische, kleinkarierte und misstrauische Kleinkrauter. Unfreundlich sowohl gegenüber deutschen als auch gegenüber nichtdeutschen Fremden. Das ist natürlich ein Ressentiment, denn es gibt dafür zu viele Gegenbeispiele. Außerdem hat Brandenburg die wunderbare Havellandschaft, die schon Theodor Fontane begeistert und begeisternd beschrieb. Wie den Birnbaum von Ribbeck. Das Märkische mit seinen Seen, Kiefernwäldern, Flüssen und gelben oder roten Backsteinkirchen und Schlössern hat seinen ganz eigenen Reiz. Und dann ist da ja noch Potsdam mit Sanssouci (Ohne Sorge), der ursprüngliche Spreewald und die südlich von Berlin gelegene Seenlandschaft.

Bremen

Dieser Stadtstaat ist der mit Abstand sympathischste neben Berlin und Hamburg. In Bremen wurde immerhin der berühmte Beat-Club produziert, eine legendäre Musiksendung mit Uschi Nerke. Außerdem herrscht dort an der Waterkant ein frisches maritimes Klima und die Bremer sind so etwa das Gegenteil von erzkonservativ. Werder Bremen heißt nicht wie ein Konzern und der ehemalige Trainer ist Otto Rehhagel ist eine Legende. Nicht zuletzt kennt die Bremer Stadtmusikanten jedes Kind der halben Welt. Welche Tiere waren es nochmal? Und die Kunst kommt mit dem nahen Worpswede und seinen Größen Vogeler, Moderson, von Ende und vielen anderen auch nicht zu kurz.

Hamburg

Hamburch anne Alster, das kann man eine Stadt nennen. Eine Elbestadt wie Magdeburg und Dresden auch. Da weht an den

Landungsbrücken die frische Brise der Nordsee, wenn man ein ebenso frisches Krabbenbrötchen verzehrt. Der Kiez Sankt Pauli und sein erdiger Fußballverein, aber auch der HSV mit dem unvergesslichen „Uns Uwe“ prägen die Mentalität der quirligen Hafenstadt, wie es sie in Deutschland nur einmal gibt. Zwar wohnen und bestimmen in Hamburg auch die Pfeffersäcke, aber selbst die haben keinen so schlechten Ruf, zumal auch der hartnäckige Quarzer Helmut Schmidt zum Konstrukt gehörte. Von Schmidt über die Beatles und Reemtsma bis zu Udo Lindenberg – diese Stadt mit ihren Schiffen, Lotsen, Docks und Barkassen hat eine tolle Ausstrahlung.

Hessen

Auf dieses Bundesland trifft ein ähnliches Merkmal wie auf die Schwaben zu: Der Dialekt klingt nahezu unerträglich. Man möchte nicht Augen- und Ohrenzeuge eines geselligen Volksmusikabends beim Äppelwoi sein. Wenn es Goethe, die Buchmesse, die Nationalversammlung, die Deutsche Revolution sowie das Hambacher Fest nicht gäbe, dann könnte man den Hessen nicht allzu viel abgewinnen. Frankfurt am Main mit seinen Tempeln des Geldes steht in seiner Hässlichkeit Frankfurt an der Oder in nichts nach. Das Erzkatholische Hessens kulminiert im sanften Hügelland um Fulda. Das Werratal ist sehenswert. Und Kassel hat mit seiner documenta Kunstgeschichte geschrieben.

Mecklenburg-Vorpommern

Die introvertierten Fischköppe sind rau, aber in Ordnung. So wie ihre klare, unmissverständliche Aussprache. Eine wunderschöne, backsteingotische Stadt reiht sich an die andere: Wismar, Rostock, Stralsund mit seinem vom anderen Ufer märchenhaft wirkenden Panorama, und auch das von Petershagen „gerettete“ Greifswald. Die einzigartige Ostseeküste mit Zingst, Darss, Usedom und den Kreidefelsen von Rügen, die schon Caspar David Friedrich begeisterten, lässt sich hier nicht ansatzweise beschreiben. Allein die vielen Steilküsten verdrehen Wanderern die Augen. Und dabei ist die mecklenburgische Seenplatte noch gar nicht erwähnt und mindestens genauso beschreibungswürdig. Meck-Pomm, ein grüner Hering mit Bratkartoffeln, das Meer. Gibt es mehr?

Niedersachsen

Pferde. Ja Pferde. Immerhin. Die sich nur Betuchte leisten können. Und die ostfriesischen Inseln mit ihrem zweifellosen Reiz und die wunderschöne Lüneburger Heide mit Erika in allen Farben. Aber sonst? Ja, Hochdeutsch. Eigentlich löblich. Aber hochnäsig nasal vorgetragen wie in Hannover, der blassesten aller Landeshauptstädte. Außer dem Sprengelmuseum nullkommanichts. Wolfsburg? Eine gesichtslose Stadt aus der Retorte. Wegen des Volkswagens. Niedersachsen ist das Land der versagenden Sozialdemokraten. Bebel ist tot. Nur ganz im Westen ist ein bisschen Osten. Das karge, aber bodenständige Emsland. Im Osten dafür ein paar schöne Fachwerk-Städte: Goslar, Münden, Bad Harzburg, Hameln, Hildesheim, Braunschweig und vor allem die Salzstadt Lüneburg.

Nordrhein-Westphalen

Was fällt einem da ein? Natürlich der Ruhrpott. Eine Stadtlandschaft der Malocher. Bergbau und Montanindustrie. Stahl. Krupp, Thyssen. Villa Hügel. Das am dichtesten besiedelte Gebiet Europas. Fußball, Fußball, Fußball. Schalke 04. Gelsenkirchen. Die Knappen. Borussia. Duisburg und Götz George. Man kann sich der Anziehungskraft dieser Gemengelage „ganz unten“ nicht entziehen. Aber da ist ja noch der Vater Rhein, die Wuppertaler Schwebebahn, der „längste Tresen der Welt“ in Düsseldorf und vor allem die Stadt Köln. Mit dem Dom, dem großartigen. Dem Walraff-Richartz-Museum, dem Ludwig-Museum. Münster und der Westphälische Frieden. Und: Was schuf der liebe Gott im Zorn? Bielefeld und Paderborn. NRW ist arm. Und so so reich. Man muss es mögen.

Rheinland-Pfalz

Da fällt einem nicht viel ein: Helmut Kohl und sein Pfälzer Saumagen. Seither weiß man, dass sowohl ein Kohl in einen Saumagen als auch ein Saumagen in einen Kohl passt. Ludwigshafen hat die BASF als europaweit größtem Chemiekonzern mit zweifelhaftem Ruf. Immerhin hat die Stadt Mainz neben dem unsäglichen ZDF einen großartigen Gutenberg zu bieten, der den revolutionären Buchdruck erfand. Und einen wahrscheinlich nach Willy Brandt letzten wahrhaften Sozialdemokraten namens Kurt Beck. Das versöhnt. Und da ist ja noch die Mosel mit ihren traunwandlerischen Weinhängen und die Stadt Trier, mit großer römischer Geschichte und einem, der Geschichte bis ins Knopfloch verstand und interpretierte: Karl Marx.

Saarland

Hin- und hergerissenes Saarland – mal französisch, mal deutsch. Das Elsass ist mit ihm verwoben. Aber dafür ist alles dort wunderbar frankophil. Ein winziges Bundesland der Arbeiter, der Stahlindustrie wie bei Völklingen und Saarlouis. Und mit einem Sohn, den man nicht als „groß“ bezeichnen kann. Er hieß Erich Honecker. Seltsamerweise haben die Saarländer einen ähnlichen Dialekt wie jene, die Honecker von Chemnitz, Leipzig und Dresden aus viel zu viele Jahre lang bejubelten. Die Saarländer gehören irgendwie nicht richtig dazu, so wie die Sorben oder Ostfriesen. Das macht sie sympathisch. Und noch dazu haben sie die beeindruckende Saarschleife. Wer sie gesehen oder befahren hat, vergisst sie nicht.

Sachsen

Ach Gott, Sachsen! Mein Mutter- und Vaterland. Leipzig und Bad Düben. Und das zweifelhafte Sächsisch, „Säkssch“, am schlimmsten zu ertragen im Arzgbirg und den Dialekten in Schwaben, Hessen und Bayern in nichts nachstehend. Der ganze Süden kann eben nicht richtig geradeaus sprechen. Die Tante meiner Cousine begrüßte diese immer mit „Ach du maine Schnugge!“ Aber die Sachsen haben es in sich. Der Ministerpräsident bürstet mutig gegen den Kamm, die Sächsische Schweiz ist eines der schönsten Gebirge Deutschlands, Leipzig ist als Messe-, Buch- und Bachstadt unverzichtbar und Dresden für Kunstliebhaber ein Eldorado. Zwinger, Albertinum, Grünes Gewölbe, Frauenkirche. Und Freiberg hat die schillerndste Mineralienschau der Welt.

Sachsen-Anhalt

Schon der Name ist ohne jeden Charme. Wer fühlt sich als Sachse und wie wenige als Anhaltiner? Aber da können Höppner und Haseloff nicht viel dafür. Trotzdem ist das Bundesland weit unterschätzt. Es hat den Harz mit den Perlen Wernigerode und Quedlinburg, die prägnante Altmark, das Bauhaus Dessau, die Börde mit dem besten Boden der Republik, den Elb-Havel-Winkel mit dem Kloster Jerichow,

Havelberger Dom, dem bezaubernden Tangermünde und dem Dorf der Technischen Denkmale Parey/Elbe nebst „Effi Briest“. Vor allem aber die alte und geschundene Dom- und Elbestadt Magdeburg, die Händel- und Kunststadt Halle/Saale und die Bachstadt Köthen. Dazu historische Persönlichkeiten wie Otto der Große, Luther und Melanchton.

Schleswig-Holstein

Das nördlichste Bundesland hat seinen ganz eigenen Charme. Die Menschen sind typisch norddeutsch: freundlich, geradeaus, ehrlich. Etwas wortkarg nur. Es gebiert ein Lächeln, dass sowohl Magdeburg als auch Kiel im Handball und im Fußball, gemessen an ihrer Größe, eine starke Rolle im deutschen Sport spielen. Das Flensburger macht plopp und die friesischen Inseln sind topp. Wo gibt es schon zwei Meere, ziemlich nah beieinander? In Schleswig-Holzbein. Strände an der Ostsee, die Geltinger Birk und das Wattenmeer an der Nordsee mit Husum, Amrum usw. Der Plöner See und Neumünster, wo Hans Fallada Anzeigen für Zeitungen warb. Dazu die Kulturstadt Lübeck mit dem Holstentor und Thomas Mann, dem Schöpfer der Buddenbrooks.

Thüringen

Das Beste kommt zuletzt. Originale Thüringer Rostbratwurst mit viel Mayoran! Da kommt kein Flammkuchen, keine Weißwurscht, kein Labskaus mit. Nichts. Dieses Bundesland hat zwar jede Menge negative Schlagzeilen, aber dafür positive Gefühle und Sehnsüchte, die es weckt. Wer schon einmal echte Stracke vom Landfleischer im Eichsfeld gegessen hat, lässt alle sonstigen Wurstwaren von Flensburg bis zur Zugspitze liegen. Aber Thüringen hat viel mehr. Weimar mit den Altvorderen Goethe und Schiller und – ja – auch Buchenwald als Ort gegen das Vergessen. Mühlhausen mit Müntzer und der Schlachtberg mit dem 100-Meter-Gemälde von Tübke. Ein Kunstwerk für alle Zeiten. Und da ist ja noch die Domstadt Erfurt mit ihrer urbanen Hochkultur. Und der Thüringer Wald. Und und und...

32. Zwischen Fachchinesisch und wokem Gendern

Ist Ihnen das auch schon einmal so gegangen? Jemand möchte Ihnen etwas erläutern, aber er spricht unbewusst oder auch selbstbewusst in seiner studierten Fachsprache. Da Sie seinem Fachchinesisch schon nach kurzer Zeit nicht mehr folgen können, ihn aber nicht unterbrechen wollen und auf gar keinen Fall nur durchschnittlich begabt erscheinen möchten, geht ihr Gesichtsausdruck in einen versteinert lächelnden Zustand über. Dieses freundlich-neutrale Zuhörgesicht gehört zu einem Kopf, der dazu ab und zu zustimmend nickt.

Denn da Sie gut erzogen sind, fauchen Sie ihn nicht einfach grob mit folgenden Worten an: „Können Sie das auch auf Deutsch sagen?!" Nein, Sie murmeln sogar gelegentlich kopfnickend „ja", um dieses Fachgespräch so schnell wie möglich hinter sich zu bringen. Bloß nicht unterbrechen und neue Lawinen dieses Imponierdeutschs provozieren. Nur wenn es ganz schlimm kommt, und Sie das Kauderwelsch einfach nicht mehr aushalten, sagen Sie dann schnell: „Sehr interessant, aber Sie müssen entschuldigen, ich muss jetzt dringend los, ich habe einen wichtigen Termin."

Zum Beispiel nach einer Aussage wie der folgenden, und sie ist tatsächlich so von einem Experten geäußert worden, Zitat: „Eine Destabilisierung der suffizienten Telomere bei Sequenzmodifikation oder Suppression der stabilisierenden Proteine induziert einen Verlust der Schutzfunktion des Seneszenz-Programms." Uiuiui! Pffffff... Das klingt alles irgendwie medizinisch, ahnen Sie, aber Ihrer Gesundheit zuliebe wollen Sie ihre Ohren von weiteren Verdrechslungen dieser Art verschonen.

Sie fragen sich, ob der Mann im Bett mit seiner Frau ähnlich verschwurbelt fachsimpelt, es sei denn die beiden studierten das gleiche Fach und haben Sinn für Humor und sprachliche Abartigkeiten. Jedenfalls: Wo man hinschaut, kann einem solch ein Fachchinesisch nach dem Motto „Herr Schüler, ich weiß was" passieren. Auch im Bauwesen oder im Rechtswesen zum Beispiel. Was nach solchen Gesprächen bleibt, ist zumindest eine pejorative Konnotation. Ach so, äh, Sie wissen nicht ... was das bedeutet? Hmm, ich meine nur einen negativen

Beigeschmack.

Heute glänzen besonders Radio- und Fernsehmoderatoren in den Kultur- und Politiksendungen mit Fremdwörtern, die sie irgendwo aufgeschnappt haben und mit denen sie mächtig gebildet daherkommen. Früher hat man einmal von einem Zusammenhang gesprochen, heute ist es ein Kontext. Bestimmte Nachrichten gehen auf Social Media - gemeint sind die asozialen Plattformen wie X, Instagram, TikTok oder facebook - im internationalen Netz (Web, Internet) plötzlich viral. Hä? Viral? Den Begriff hat noch vor 10 Jahren niemand verwendet. Das soll bedeuten, die Neuigkeit verbreitet sich so schnell wie ein Virus, also wie ein Krankheitserreger. Corona lässt grüßen. Hat da Lautenschläger oder wie der heißt seine Finger im Spiel?

Naja, ich sage mal, wenn es sich nicht gerade um den Weltuntergang handelt, kann man „viral gehenden" Nachrichtenmüll getrost ignorieren. Ich habe den Eindruck, dass sowohl die Politik als auch die Zeitungen, Sender und Nachrichtenmacher fürs bewegliche Telefon (Handy) sich nicht mehr vergegenwärtigen, dass es neben der veröffentlichten Meinung auch noch die öffentliche Meinung gibt. Jene der Bürgerinnen und Bürger dieses Landes. Die sich immer mehr voneinander entfernen. Seltsamerweise erweitert sich diese Schere in etwa der gleichen Geschwindigkeit wie jene zwischen Arm und Reich. Seit Jahrzehnten. Mit dem Segen von SPD, FDP, CDU und den Grünen.

Zurück zur Sprache: Der absolute Gassenhauer, um in den Sendern „en vogue" oder „up to date" zu sein, also schlicht auf der Höhe der Zeit, ist seit einiger Zeit das „Narrativ". Wow! Was für ein faszinierendes Fremdwort. Nein nein, das hat nichts mit der närrischen Zeit zu tun. Eher damit, dass sprachliche Narren es nachplappern. Das ist nichts weiter als eine „Erzählung". Aber keine im literarischen Sinne. Sondern eine, womit der Grundgedanke, das Anliegen, der Sinn, das Wesen oder der Charakter einer bestimmten Gruppe von Menschen, eines Zeitabschnitts, einer politischen, sozialen oder kulturellen Bewegung oder Strömung zum Ausdruck gebracht werden soll. Also, ein Narrativ ist erstens ein Fremdwort und zweitens eine „andere" Erzählung. Die doppelte Verquastheit,

Verschwurbelung darf man schon als einfache Verarschung bezeichnen.

Das neusprachliche Narrativ als Superstar des Sprachschatzes von Moderatoren wird dicht gefolgt vom „Paradigma“ oder mehr noch „Paradigmenwechsel“. Mannomann. Schon wieder so ein Worthammer! Sowohl Wissenschaftler als auch kleine Funktionäre der hinteren Bankreihen bedienen sich verlässlich und täglich dieses Wortungetüms, Redakteure und Starmoderatoren sowieso. Auch solche, für die ich keine Lanze brechen würde.

Der Witz an den beiden Spitzenreitern des „höheren Ausdrucks“ ist, dass auch das Paradigma wie das Narrativ eine „Erzählung“ ist, ein modellhaftes Beispiel oder Denkmuster einer Zeit. Und ein Paradigmenwechsel damit ein Ändern einer solchen Grundauffassung. Man glaubt es kaum. Hauptsache, sich unverständlich ausdrücken, das macht Eindruck. Was nur noch fehlt, ist der Begriff Narrativwechsel. Habe ich den verpasst? Aber da kommen sie bestimmt bald auch noch drauf.

Den gefühlten dritten Platz belegt wohl der neue Mode-Begriff hybrid. Als sich der vor geraumer Zeit in die Medien schlich, dachte ich erst, das ist irgendetwas mit Wasser. Aber da habe ich mich geirrt, denn mit Wasser hängt eher das Wort hydro(logisch) zusammen. Denn griechisch hydor bedeutet Wasser. Hybrid dagegen kommt von „gemischt, von zweierlei Herkunft“. Eine hybride Strategie ist zweifach begründet, ein hybrides Auto fährt mit zwei unterschiedlichen Energiequellen bzw. Kraftstoffen. Aha. Aber bitte hybrid nicht mit Hybris verwechseln: Das bedeutet nun wieder frevelhafter Übermut oder Vermessenheit. Eine hybride Hybris hat zum Beispiel ein SPD-Politiker, welcher sein Tun auf einerseits Lobbyismus und andererseits Populismus begründet.

Aber dieses haarsträubende Fachchinesisch wird heute noch von wokem Gendern (Was ist denn das nun wieder?!) ergänzt oder gar übertroffen. Oft geben diese sich sogar die Hand. Das läuft wie geschmiert. Die da angeblich fürs Volk da sein wollen, sprechen nur eine Elite wirklich an. Man könnte auch sagen, eine wohlsituierte Blase. Die vornehmlich in Berlin zu Hause ist. Pardon, ihren Arbeitsplatz hat. Ein Beispiel:

Ich wollte einer hier anonym bleibenden Frau zu Weihnachten eigentlich einen Gedichtband schenken. Ich dachte mir, ihr die Schönheit und Tiefe von Sprache, ihre buchstäblich **dichteste** Form zu servieren. Also so ziemlich das Gegenteil von Verwaltungs-, Politiker-, Unternehmer-, Juristen- und Professorendeutsch oder dem Deutsch der Sport- und Autoseiten der Tagespresse. An Sprache wollte ich erinnern und nicht an eine unverdauliche Buchstabensuppe.

Ich brauchte eigentlich nur noch zu überlegen, welchen Dichter ich ihr vorlegen würde. Den unvergleichlichen Walther von der Vogelweide zum Beispiel, der „uf einem steine saz" und über den Sinn der Lebens nachdachte oder vielleicht den großen Goethe, der auf des Pudels Kern gekommen war? Aber genau in diesem hoffnungsvollen Augenblick kam mir etwas dazwischen. Nämlich die Berliner Salomon-Hochschule. Die ist offenbar auf Teufel komm raus engagiert und sehr „woke".

Das bedeutet wörtlich erst einmal nur, dass woke Leute politisch wach sind und sich für die Interessen von Minderheiten einsetzen. So weit, so gut: Wenn sich diese woke Blase mit politischer Absegnung nicht derart aufblähen würde, dass „alte weiße Männer" (der ich einer bin) und zugleich eine gewisse Mehrheit der Gesellschaft nur noch eine Nebenrolle spielen sollen würden. Diese schlimmen alten weißen Männer (und Frauen) sind aber nicht selten nicht nur weiß, sondern auch ziemlich weise und haben diese Republik und Demokratie erst möglich gemacht und aufgebaut. Sie sind vielleicht sogar wacher (woker) als alle ehrenwerten Dragonqueens zusammen. Und diese älteren Frauen und Männer müssen zuschauen, wie sogar das höchste deutsche Kulturgut pulverisiert werden soll – die Sprache.

Denn diese Berliner Hochschule jedenfalls wollte damals ein typografisch wohlgestaltetes Gedicht von der Fassade eines Berliner Hausgiebels entfernen lassen. Ein Gedicht des angesehenen Dichters Eugen Gomringer. Es war völlig harmlos, ein kleines Wortspiel der Liebe und der Sehnsucht entlang Alleebäumen, weiter nichts. Es handelte von einem „Bewunderer" von in Alleen spazierenden Frauen. Weiter nichts.

Man konnte dieses Gedicht sicher gelungen und schön oder eben nicht so gelungen finden. Ich persönlich fand es eher banal, aber immerhin hat es mir ein Lächeln abgerungen. Eine Fürsprache der Zuneigung.

Die Studentenvertretung und Teile des akademischen Lehrkörpers – gebildete Leute also – fanden es sexistisch. Frauen könnten sich „zur Schau gestellt", „erniedrigt", „sexuell belästigt" fühlen. Der deutsche Kulturbetrieb führte eine aufgeregte Debatte. Man wollte das Gedicht entfernen, ersetzen, ergänzen, es im Grunde also zerstören. Nun wusste ich zwar immer: Berliner sind nur als Pfannkuchen zu gebrauchen. Aber dass sie den Liebesgedichten dieser Welt und wohl selbst dem Pfannkuchen die Sinnlichkeit absprechen und die gesamte Literaturgeschichte zu verdächtigem Pflaumenmus erklären würden, hätte ich nicht für möglich gehalten. Schon Tucholsky wehrte sich ja gegen die Gedankenpolizei. Also hab ich schließlich trotzdem ein Gedichtbändchen besorgt. Denn das Gendern muss man nicht ändern. Sondern abschaffen.

Kleine redaktionelle Anmerkung: In meinem ersten Buch „Treibgut 5307194" wird dieses Thema im Kapitel „Der Wurm*innenfortsatz" weiter vertieft.

33. Das Geheimnis von Lenja und Josi

Es begab sich vor etwa zehn Jahren. Da steckte plötzlich ein kleiner gefalteter Zettel bei uns im Briefschlitz. Höchstens 20 Quadratzentimeter groß. Er war mit kindlicher Handschrift bekritzelt. Zwei Mädchen im Alter von sechs oder sieben Jahren hatten etwas ausgeheckt. Die beiden waren ganz offenbar dick befreundet, wie sich zeigen sollte. Sie waren aus unserer Nachbarschaft. Sie dachten sich, jetzt spielen wir den Leuten mal einen pfiffigen Streich.

Sie müssen herrlich gejuchzt haben, so „hihihi“, als sie die heimliche Tat vollzogen hatten und sich von unserem Briefkasten in die eilige Flucht begaben. Die Leute würden sich bestimmt ganz schön gewundert haben, wenn sie den Zettel lasen. Ganz bestimmt! Und das entsprach auch genau den Tatsachen.

Die Freundinnen müssen diesen kleinen Zettel in ziemlicher Eile geschrieben haben, und wahrscheinlich konnten sie noch gar nicht viel mehr schreiben als diese zwei Wörter, die auf dem Zettel standen. Und diese versahen sie dann noch zusätzlich mit einer Zahl. Warum eine Zahl und warum genau diese Zahl, wird wohl für immer das Geheimnis der beiden „Missetäterinnen“ bleiben. Für uns war und blieb es also auch ein echtes Rätsel. Denn auf dem Zettel, den ich bei mir gut aufbewahrt habe, stand wörtlich geschrieben, ich zitiere: „Josi, Lenja 26“. Weiter nichts. Hmm. Was sollte das denn bedeuten?

Die beiden hatten sich augenscheinlich einen Spaß gemacht und ihre Mädchenfreundschaft mit diesem Zettel schriftlich herausposaunt. Man könnte auch sagen, festgeschrieben. So nach dem Motto „Wir sind Josi und Lenja und wir sind Freundinnen.“ Mannomann – war das ein wilder Streich! Es gab ja wohl nichts Schöneres, als ein ungläubiges Kopfschütteln zu provozieren... Aber was sollte dann noch die ominöse Zahl? Sollte das heißen, wir sind zwei Mädchen und beide sechs Jahre alt? Oder kam eine der beiden aus der Hausnummer 26? Das Kuriose war, dass die Zahl auch noch mit einem anderen Stift geschrieben worden war als die beiden Namen. Damit hinterließen sie also sogar ein doppeltes Rätsel.

Nun ja, was blieb denn nun von dieser in jeder Beziehung kleinen Geschichte? Auf jeden Fall, dass die zwei ihr Herz am richtigen Fleck haben. Denn der Scherz war völlig harmlos, ja eigentlich liebenswürdig. Sich so etwas auszudenken, dazu gehört eine ganze Menge: Humor, Kreativität, Spontaneität, Zusammenhalt und ein bisschen Courage. Ich bin Josi und Lenja dafür immer noch irgendwie dankbar. Für diese kleine, aber feine Geschichte.

34. Fußball: Vom Abklopfen lehmiger Stollen am Pfosten

Fußball kann gar nicht genug gespielt, bestaunt, bewundert und ja – beschrieben werden. Deshalb habe ich mich zu folgendem Text entschlossen, in den sieben Jahre aktives Spiel in einer Mannschaft einflossen. Das war von 1967 bis 1974 die Jugend- und Juniorenmannschaft von Traktor-Aufbau Parey. Das legendäre Turnier mit unserer Dorf-Elf sowie die großen Legia Warschau und Slavia Prag habe ich bereits im „Treibgut 5307194“ geschildert.

Ja, in Kindheit und Jugend gaben wir uns „die Kugel“ damals auf jeder verfügbaren Wiese und auf jede verfügbare Weise. Flankten, schossen, spitzelten, ballerten und schoben das Leder. Auf jedem Hinterhof. Auf Pflastersteinen, auf blanker roher Erde, auf Schotter, auf Äckern, auf Straßen und auf Sportplätzen. Wir bolzten, knolzten, kickten. Und wir spielten. Kämpften. Jubelten. Fußball! Sonst nichts.

Da passierten dann auch die sonderlichsten Dinge: Da köpfte ich ein Traumtor auf dem Pareyer Sportplatz neben dem Friedhof. Offizielles Spiel. War es gegen Genthin, Jerichow oder Burg? Die Flanke kam von rechts, ich glaube von Ronald oder Georg. Sonst eher vorsichtig beim Spiel „Mann gegen Mann“, schmiss ich mich hier ohne Rücksicht auf Verluste hinein. Mögliche Gegner waren mir egal. In 16 Metern Entfernung vorm Tor. Ich erwischte das Ding voll mit meiner Stirn. Knallhart. Der Ball ging ab wie „Bob sein Köter und Jackel sein Pferd“. Wumm. Tor! Wahrscheinlich das schönste meiner aktiven Laufbahn.

Aber das lief nicht immer so gelungen. Ich erinnere mich zum Beispiel an einen peinlich verschossenen Elfmeter auf dem Flutlichtplatz. Links vorbei. Verdammt! Auf eben jenem Platz spielten wir einmal im Winter. Der nahezu gesamte Platz war vereist. Es wurde trotzdem angepfiffen. Wir schlidderten mehr als wir liefen. Und machten ein ums andere Mal Bekanntschaft mit der Horizontalen. Eishände, nasser Bauch. Im Zweikampf auf diesem unwirtlichen Geläuf brach ich schließlich einem gegnerischen Spieler mit meinem Ellenbogen das Nasenbein. Was mir leid tat. Ich entschuldigte mich. Ging später trotz gewonnenen Spiels mit gemischten Gefühlen vom Platz. Er aber nahm es sportlich. Er nahm es hin. Ein Sportsmann.

Aber was ist schon ein vereister Platz gegen einen Platz in der schiefen Ebene? Ich weiß nicht mehr wo, aber den hat es tatsächlich gegeben. Irgendwo bei Neuruppin muss das gewesen sein. Man spielte die eine Halbzeit bergan, die andere bergab. Die Leute, welche diesen eigenartigen Platz zum Fußballplatz erklärten, hatten zumindest den Sinn für ausgleichende Gerechtigkeit. Man kann sich gar nicht vorstellen, wie kraftaufwändig es ist, bergan zu spielen und wie schwer es andererseits ist, dem entfliehenden Ball dauernd hinterher zu laufen.

A propos Neuruppin: Dort habe ich das erste Mal auf einem völlig ebenen „Wembleyrasen" gespielt. Oder war es gar Kunstrasen? Zu DDR-Zeiten! Ich werde nie vergessen, wie es war, den Ball zielgenau zum Mitspieler zu schieben. Es war das reine Fußballglück. Ästhetik pur. Technik in Reinkultur. Ein Genuss, wenn der Ball so läuft, wie man es will. Seither sehe ich die Leistungen der Profis im Fernsehen immer etwas zwiespältig. Die haben immerhin die besten aller möglichen Bedingungen. Die hatten wir in den meisten Fällen nicht. Technisch waren wir nämlich als Dorfkicker auch gar nicht so schlecht. Hundert Mal allein jonglieren ohne Bodenkontakt des Balls oder das gegenseitige Zuköpfen wie mit Ronald, ebenso oft, das konnten wir auch.

In Derben, oder war es Schönhausen, habe ich einmal in einem Spiel zwei Ecken direkt verwandelt. Ecke - Tor! Ohne Zwischenberührung. Bis heute gibt es über diese zwei Tore aber unterschiedliche Meinungen. Der Stürmer, ein guter Kopfballspieler, behauptet, mindestens eine der Ecken schließlich mit seinem Kopf über die Torlinie gedrückt zu haben. Wir lachen heute noch über diesen freundschaftlichen Meinungsunterschied. Augenzwinkernd. Es gab noch keine Videoüberprüfung. Vielleicht hat eines er, habe eines ich gemacht.

Keine Sportart ist in ihrem Reiz mit Fußball zu vergleichen. Allein der irre Duft von frischem Gras und Dreck. In der Schnauze. Oder die Flecken davon am Trikot. Das Abklopfen der verlehmten Stollen am Pfosten. Meistens durch den Torwart, aber manchmal auch durch einen Spieler. Das durch einen

Jahrhundertschuss zerfetzte Tornetz. Oder die Balljungen, bei denen sich Begeisterung und Spannung mit ein wenig Stolz mischte. Man weiß nicht so recht, wer glücklicher war: Solch ein Balljunge oder der Schütze eines Tores.

Fußball, das ist das verrostete Geländer, unter dem hervor ein verrückter Fan aus irgendeinem Anlass auf den Platz stürmt. Das ist die Krähe, die von der Torlatte jäh davonfliegt, als eine 30-Meter-Kanone an dieselbe knallt. Das ist der Ehemann, der seine Frau mit seinem vom Currywurstketschup verquadderterten Mund glücklich anstrahlt. Das ist der Meinungsunterschied zwischen Abseits oder nicht, „“Aus“ oder nicht, Elfer oder nicht, Foul oder nicht usw. Fußball ist, wenn zwischen Diesseits und Jenseits nur noch das Abseits liegt. Und die Schiedsrichter können hier nur ein sehr bedingtes Korrektiv darstellen, ob sie wollen - oder nicht. Mit Videobeweis oder ohne.

Der Reiz des Fußballs liegt auch in den unendlichen Möglichkeiten, ein Tor zu erzielen. Taktik und Strategie sind komplex. Ein Tor ist immer einzigartig, auch wenn es gleichförmig wie so viele andere erzielt wurde. Es ist trotzdem anders. Trotzdem immer neu. Ein einziges Tor kann ein Spiel entscheiden. Beim Handball ist das entscheidende Tor, wenn es dieses überhaupt gibt, nur eines von vielen. Handball ist trotz seiner Rasanz, Tordichte und übersteigerten Härte viel langweiliger als Fußball. Es sind dort die immer gleichen Abläufe:

Kein Mittelfeld, nur Tore durch Außen, am Mittelkreis, per Siebenmeter oder durch Weitwurf. Wie armselig. Wie stereotyp. Niemals etwas noch nie Gesehenes. Handball ist letztlich fantasielos. Fußball aber hat tausend mehr Varianten. Handball ist zwar schneller als Fußball, aber um so weniger faszinierend, überraschend und vielseitig als der Fußball. Handball ist ein kleines Quäntchen mehr etwas für Fans der Region, Fußball ein kleines Quäntchen mehr etwas für Fans des eigentlichen Sports: des Fußballs. Das ist zwar eine gewagte These, aber sie trifft eben doch zu. Handball ist mehr oder weniger erwartbar, Fußball mehr oder weniger – **nicht**.

Dafür wird beim Fußball um so mehr orakelt und spektakelt.

Wenn ein Spiel verloren geht, dann geht gleich eine ganze Welt unter. Dann ist das die absolute Katastrophe auch dann, wenn mit ganz viel Pech und trotz zahlreicher eigener Chancen ein einziges Gegentor und damit blödes Siegtor fiel. Alles war dann schlecht: Abwehr, Sturm, Mittelfeld. Obwohl die Mannschaft vielleicht ganz passabel spielte. Der Trainer und die Presse werden trotzdem fluchen. Trainer fluchen im Übrigen immer. Das liegt in der Vatermilch. Unabhängig vom Ergebnis. Das sind freudlose Menschen, jedenfalls geben sie sich so. Denen reicht es nie. Und nimmer. Ein Zaubertor zählt nicht, wenn verloren wurde. Obwohl es in die Geschichte eingeht.

Außer, wenn die Mannschaft Weltmeister wurde. Da gehen manche aber trotzdem in sich versunken über den Rasen, so nach dem Motto „Bin ich nun Gott oder muss ich das Team niederbrüllen, weil es nicht im Augenblick des Sieges den nächsten vor Augen hat." Noch im Augenblick des Sieges schreien sie „Wir müssen besser werden!". Trainer sind Fachidioten, die dem späteren Erfolg den augenblicklichen Reiz des Fußballs unterordnen. Wie dumm, unempathisch, blind für das Leben. Wenn die Mannschaft ein normales Punktspiel gewonnen hat, nörgeln und meckern viele Trainer vor der Kamera herum, welche Fehler das Team gemacht hat. Denn das wirkt so richtig ehrgeizig und erfolgssüchtig. Ein Trainer muss eben immer nach vorne schauen. Welch ein weltfremder Oberquatsch.

Das ist so ähnlich wie bei Menschen, die ihre Wohnung renovieren. Die merken überhaupt nicht, dass das auch echte, spannende Lebenszeit ist. Dass sie sich oft an die wunderbaren Momente erinnern werden, wenn ein Farbeimer umfiel oder man um die Apfelsinenkisten herum im Freundeskreis saß und Kaffee oder Cognac trank. Dass das von der Norm abweichende Lebensphasen und Erlebnisse sind, die bleiben. Dass der nachfolgende Alltag in der renovierten Wohnung nicht selten viel gleichförmiger, eintöniger und langweiliger ist als das turbulente Malern, Tapezieren und Anordnen der Möbel.

Zurück zum Fußball. Als Deutschland – es war in Wahrheit Westdeutschland – 1966 im Londoner Wembleystadion gegen England verlor, war ich Augenzeuge dieses Spiels: Am Schwarzweiß-Fernseher unserer Nachbarn in Parey an der

Elbe. Westfernsehen! Nobby Stiles und Bobby Charleton. Und dazu wunderbare Hausmacher-Leberwurst der Hausherrin aus dem Einweckglas. Ich kann mich noch genau an die graugrüne Farbe erinnern, die aber der Qualität keinen Abbruch tat. Die musste so ausssehen. So gut hat nie wieder eine Leberwurst geschmeckt. Die Leute brüllten damals alle für „Deutschland“, womit ich damals nicht richtig umgehen konnte. Der „Westen“ war ihnen heilig, in heimlicher Opposition zum eigenen, versagenden Osten.

Aber dennoch blieb der Reiz des Fußballs von all dem unabhängig. Uwe Seelers Hinterkopftor gegen England ist ebenso unvergänglich wie das Tor von Jürgen Sparwasser im Jahre 1974 gegen die BRD in Hamburg. Oder die Leistungen von Pelé, Eusebio, Cruyff, Lato, Jairzinho.

Mehr noch als damals ist heute alles dem großen Geld, der Gier des schnellen Profits untergeordnet. Die FIFA, die UEFA. Was sind das für zweifelhafte Vereine? Das so genannte Sommermärchen war wahrscheinlich gekauft, unecht, korrumpiert. Und trotzdem schreiben die Zeitungen schon wieder von der Möglichkeit eines „zweiten Sommermärchens“ bei der Europameisterschaft 2024. Wie verlogen. Trotz alledem wird die Begeisterung am großen Sport namens Fußball nicht klein zu bekommen sein.

35. Eine vorsichtige Annäherung an Gott

Tja, was ist das eigentlich hier? Was ist es, was die Welt im Innersten zusammenhält? Wer bin ich, was ist unser Leben, unser Dasein, die Welt? Was ist das große Ganze und unsere Existenz? Gott und oder der Weltgeist? Was ist das Spannungsverhältnis von Materie und Geist? Von Sein und Bewusstsein? Was ist das winzige Etwas von Geburt, Leben und Tod und was ist das große Nichts davor und danach? Sind Anfang und Ende Chimären? Gibt es Bedingtheit und Bestimmtheit oder von Ursache und Wirkung geprägte, kausale Zusammenhänge? Und gibt es all das Genannte überhaupt? Und wenn, dann in welcher Form und Äußerung?

Je älter man wird, um so mehr beschäftigen einen solche Fragen. Angesichts von Vergänglichkeit, des Verhältnisses von Endlichkeit, Unendlichkeit und Ewigkeit stellen sich die wirklichen, eigentlichen und existenziellen Fragen. Und Fragen sind immer klüger und zielführender als Antworten. Wissend, dass die meisten aller Fragen für nahezu immer unbeantwortet bleiben werden. Wissend, dass wir nichts wissen, wie schon ein Philosoph der Antike feststellte. Wir sind so dumm als je zuvor. Die profanen Informationen blähen sich immer mehr und überstülpender auf, das Fundament der Metaphysik gerät immer mehr ins Abseits. Der Untergrund von Allem gerät in den Hintergrund.

Ich möchte hier aber nicht die Philosophen von Sokrates über Rousseau bis Precht zitieren, sondern möglichst nur aus meinen eigenen Gedanken schöpfen, von vielleicht wenigen Rückgriffen abgesehen. Denn das Edelste und Höchste, was man uns Menschen mit auf den Weg gegeben hat, ist nun einmal das Denken. Es ist noch eine Spur oder sogar sehr viel befriedigender als zum Beispiel das Arbeiten, Lieben, Mein Bruder René mit seinem wunderbaren Humor macht sich manchmal lustig über das inflationäre Fremdwort Quintessenz. Deshalb benutzt er es erstrecht sehr häufig. Aber was ist eigentlich die Quintessenz – das essenziell Herausträufelnde – aus Allem?

Eigentlich könnte ich hier aufhören, denn das Wesentliche ist mit den Fragen benannt. Gelingt es, all die Fragen auf eine

Kernfrage zu komprimieren, aus der sich alle anderen ableiten lassen? Und wie gehen wir dann mit den seriösen Versuchen von Antworten auf diese Frage um? Die Frage aller Fragen? Alle bekannten Antworten sind nur mehr oder weniger wilde Hypothesen, Spekulationen und Möglichkeiten. Aber soll man deshalb aufhören zu denken und zu mutmaßen? Es dabei belassen und sich dem einigermaßen schnöden Alltag von Liebe, Partnerschaft, Familie und Freundeskreis, des Jobs und Gelderwerbs, des Hobbys, der Bespaßung, der Schönheit und des Genusses widmen? Oder noch einfacher: Urlaub, Sex, Fußball und schnelle Autos? Auch wenn dieser Alltag, zugegeben, zum menschlichen Dasein nun einmal dazugehört?

Nein! Denn wozu haben wir unser Hirn? Zum Denken. Wer es nicht gebraucht, ist weniger als ein Regenwurm, weniger als ein Baum. Joseph von Westphalen schrieb, dass die meisten Menschen nur ihren Körper pflegen, die wenigsten ihren Geist. Eine sarkastische Übertreibung, aber mit wahrem Kern. Wohl dem, der sich von seiner Physis und der seines Geldbeutels gelegentlich entfernen kann und sich dem Universum außerhalb dieser Kategorie widmet. Denn dieser Kosmos hat es in sich. Und außer sich. Er ist weiter, höher, schöner und faszinierender als all das Fassbare. Denke ich. Das Physische und damit auch die Physik ist großartig, aber doch zu klein.

Weil aber die Physik so komplex und kompliziert und empirisch daherkommt, schaut sie gelegentlich mit Verachtung auf die Metaphysik. Auf jenes schier unbeschreibliche und gigantische Feld, welches über das Bestehende, über das Sein hinaus ins Geistige geht. Und damit in eine Tiefe, welche die Physik trotz tausender Kompendien und überbordender Wissensanhäufung nicht und niemals erreichen wird. Auch wenn es paradox klingt: Die Macht des Informellen bis hin zur künstlichen Intelligenz (KI bzw. AI) zeigen letztlich nur die elende Begrenztheit der Physik, des sogenannten technologischen Fortschritts auf. Dieser ist nichts weiter als ein Katalysator auf dem Wege zur Hölle, ein Hinarbeiten auf die Apokalypse. Kein Fortschritt, sondern ein Fortsturz. Alle Anzeichen deuten darauf hin, wenn man nicht vollends blind ist angesichts des schnellen Erfolges und des schnöden Gewinnstrebens.

Die Kassandras angesichts dieser verhängnisvollen Entwicklung bleiben weitgehend ungehört, das US-amerikanische Wolfsprinzip (Niedermachen oder niedergemacht Werden) herrscht weiterhin vor, es trägt die Tünche der ach so tollen Demokratie, des scheinbaren Pluralismus und mehr noch der vermeintlichen Freiheit. Aber das kann es nur, weil der Horror von Nichtdemokratien noch furchtbarer erscheint. Allerdings völlig zurecht, das ist das Fatalistische. Es scheint ein Teufelskreis zu sein mit den menschengemachten Gesellschaftsordnungen dieser Welt. Kaum jemand in den Demokratien möchten mit Autokratien oder Diktaturen tauschen. Auch ich nicht.

Soweit Physik und schierer Materialismus. Die Metaphysik und der Idealismus hingegen sind nicht so fassbar und deshalb auch schwerer darstellbar, nicht zuletzt in den Medien. Dort herrschen vielmehr der schnelle Effekt und das Augenscheinliche vor. Nicht zuletzt auch deshalb hat es der Kapitalismus zur heute offenbaren Perversion des Verbrauchs um des Verbrauches willen gebracht, aber dies ist ein anderes Thema.

Ich komme also auf die grundlegenden Fragen zurück. Auf die Frage aller Fragen: Was ist der höhere Sinn? Weshalb gibt es uns? Was ist der Sinn des Lebens? Sollen wir angesichts der erdrückenden Größe dieser Frage bescheiden bleiben, unsere Winzigkeit im All erkennen und uns auf das Essen, Arbeiten, Schlafen, Kopulieren, Labern, Freuen und Ärgern beschränken? Darauf, unseren Nächsten zu helfen und sie manchmal glücklich zu machen?

Einerseits vielleicht ja, denn damit ist schon viel erreicht. Es spricht vieles dafür. Aber es ist trotzdem die riesige Gefahr zu sehen, dass wir uns dem nahenden Untergang noch viel rasanter nähern, wenn wir das Prä des Physischen beibehalten und weiter stärken, betonen, befestigen. Wenn wir das Metaphysische schwach und im Hintergrund lassen, in einer Nische, in Refugien für ein paar vermeintliche Spinner, Weltverbesserer, Warnende, Besserwisser, Klugscheißer schließlich. Ein solches Überlassen des Ganzen dem bloßen Sein, dem Markt, dem Starken, dem Kräftigen, dem Gewinner wäre verhängnisvoll. Verantwortungslos.

Fragen wir also nach dem Anderen. Ich meine nicht den

Anderen sondern das Andere. Nach dem Höheren. Nach dem Ursprünglichen. Nach dem Fundamentalen. Nach dem eigentlich Starken und gleichzeitig Schwachen. Schlussendlich nach der Schöpfung. Gibt es Gott, der das alles so wollte? Oder ist ER ein Neutrum und relativiert sich deshalb seine Bedeutung? Stellt sich die Frage nach dem Guten also unabhängig von Gott? Oder anderer vergleichbarer Kategorien wie etwa dem Weltgeist? Fest scheint zu stehen: Wenn Gott aber ein Neutrum ist, dann scheint alle Verantwortung beim Menschen allein zu liegen.

Vielleicht ist Gott aber auch nur ein großes, das größte Geheimnis des Lebens überhaupt. So wie es auch der österreichische Mönch Daniel Steindl-Rast sagt. Tief gläubig, respektiert er trotzdem, dass die Menschen in den verschiedenen Weltregionen verschiedene Weltreligionen haben. Sie glauben an einen höheren Geist, und das tun Christen, Muslime und Juden im Grunde auch. Gott ist ja immer und überall: in uns, im Universum, in jedem Staubkorn, in jedem Vergissmeinnichtsamen. Ist vielleicht der pantheistische Ansatz der richtige, wonach Gott und die Natur eins sind? Ich weiß es nicht. Auf jeden Fall lehrt er uns die eher passiven Tugenden wie Ehrfurcht, Respekt, Dankbarkeit und Bescheidenheit. Und vor allem Demut.

Wenn wir allein die Begriffe von Ordnung und Chaos betrachten, stoßen wir an unsere Grenzen. Was war zuerst da, Ordnung oder Chaos? Die Theorie von der ewigen Ausdehnung des Universums wird aktuell gerade wieder von der Wissenschaft hinterfragt. Nichts ist also sicher, man hat es geahnt. Als wenn Gott selbst es nicht weiß, ob „er“ einst aus dem Chaos Strukturen von Ordnung schuf oder ob nach einer frühen, auf einen einzigen Urpunkt bzw. „homogene“ Urmasse reduzierten Urordnung das Chaos des vermeintlichen Wirrwarrs aller Gestirne. Wir Menschen heute wechseln immerzu zwischen Ordnung und Chaos und wir brauchen offenbar beide. Ist es ein ewiges Wechselspiel?

Ich habe einmal das kluge Wort gelesen, dass Gott nur die reine Quelle ist, die Menschen aber die Zuflüsse darstellen, welche über die weitere Reinheit des großen Lebensflusses befinden.

Für diese These spräche das permanente Hauen und Stechen, Morden und Metzeln der Menschen von Anbeginn an. Bis heute. Der Tiefpunkt dieses Mordens war deutsch. Es waren die Weltkriege des 20. Jahrhunderts und vor allem die industriellen Tötungsmaschinen mit ihrem Massenmord in den frühen vierziger Jahren. Der Holocaust.

Diese Un-Denkschulen waren schmutzige Flüsse, um im Bild zu bleiben. Sauberere Flüsse waren zum Beispiel die Erfindung des Buchdrucks, Goethes Faust, das Lächeln der Mona Lisa, die D-Moll-Toccata von Bach oder die Stimme von Ella Fitzgerald. Sie alle hat der göttliche Funke erreicht. Aber dieser Funke erreicht jeden von uns irgendwann und irgendwie und irgendwo. Wie bei der bereits beschriebenen Synchronizität der Ereignisse, bei der Geburt eines Kindes, bei einer Idee oder Erfindung, bei der Gänsehaut angesichts solcher großen kulturellen Leistungen. Wenn sich das Geistige, das Berührende ohne unser Zutun im Körperlichen äußert. Vielleicht hat dieser Funkenschlag sogar die Erfindung der Demokratie als die am wenigsten verbrecherische Gesellschaftsform geschaffen.

Und ziemlich, nein ganz sicher auch die Geburt von INRI – iesus nazareth rex iudea – kurz Jesus Christus also. Auch wenn alles Gute sich in der Summe der Weltreligionen aufzulösen und sich zu vergleichsamen scheint, und dem ist wohl auch so, so kann man wohl doch den Jesus von Nazareth als einen der „größten", gütigsten, einflussreichsten und sittlich positivsten aller Menschen bezeichnen. Selbst wenn er es persönlich nicht in diesem Ausmaße war und er nicht „Kranke heilte", ist es vollauf gerechtfertigt, ihn im Nachhinein ob seiner Wirkung derart zu erhöhen. Das ist richtig und geboten und deshalb hat Jesus Christus zurecht diesen „ungeheuer" hervorragenden Ruf über so viele Ländergrenzen hinweg.

Jesus kam als Gottes Sohn und zugleich Gott in Gestalt Jesus zu den Menschen hernieder. Vater und Sohn. Aber wo ist der Heilige Geist der bekannten Trinität? Und woher kam er. Was bedeutet er? Mir scheint der Heilige Geist das Verbindende zwischen beiden, Vater und Sohn, die ja ganz offenbar eins sind, zu sein. Eigentlich sogar das noch darüber Stehende. Da es integrativen Charakter hat. ER diesen hat. Ist Gott nur der Vollziehende, nur der Diener des Heiligen Geistes? Der Diener des Allumschließenden, so wie Jesus auch? Ich denke, ja.

Aber was hat der Heilige Geist, oder was hat eben Gott mit der Erschaffung der Welt zu tun? Wahrscheinlich sehr wenig. Es kann bei aller erdenklichen Metaphysik nicht diesen einen geben, der aus dem Chaos des Universums eine gewisse Ordnung und damit die Erde und das Leben schuf. Oder der sogar noch vor ALLEM und JEDEM erst das Universum schuf. Was war denn davor? Oder der überhaupt erst Sinn stiftete. Solch eine große Schöpfung ist meines Erachtens niemanden und nichts zuzutrauen. Das wäre ein Argument der Wissenschaft, der Physik. „Es muss sich ALLES irgendwie rational entwickelt haben."

Aber ist denn das wirklich der Weisheit letzter Schluss? Die Urknalltheorie? Bigbang? Die mehr Fragen als Antworten aufwirft? Wie erbärmlich. Was war davor, und was wird danach sein? Wer es sich einfach macht, macht es sich nicht leichter. Natürlich kann man vor den wissenschaftlichen Leistungen der Astrophysiker immense Hochachtung haben. Vor den immer kleineren Teilchen, die alles erklären sollen. Vor Neuronen, Quarks und Gluonen und deren Spins. Aber gilt es nicht auch, Respekt vor dem nicht Erklärbaren zu haben? Vor dem NIEMALS Erklärbaren?

Wir als Menschen sind mit dem größten je vorstellbaren Glück exakt an die unglaublich exklusive Nahtstelle nicht nur zwischen Mikrokosmos und Makrokosmos, sondern pur zufällig (?) auch zwischen Gestern und Morgen platziert, zwischen Ewigkeit und Vergänglichkeit. Wir Menschen mit der Fähigkeit des Denkens sind in den winzigen Bruchteil eines Millimeters und einer Millisekunde zwischen die zeitliche und räumliche Unendlichkeit geworfen worden. Und als quicklebendiger Funkenschlag – um diesen Begriff erneut aufzugreifen – schließlich verglühend in die allgegenwärtige und ewige Todesstarre gepresst. In das Vergängliche. Und dieses eigentlich völlig Undenkbare soll alles „Entwicklung", Evolution sein? Profan erklärbar? Mit ein paar schnöden Gesetzmäßigkeiten und empirischen Erfahrungen? Ha! Welch Arroganz und Anmaßung der Wissenschaft.

Allein die Farben. Die Schönheit des Äußeren der Welt. Warum ist nicht alles schwarz-weiß, sondern herrlich bunt in tausenden

Farbvarietäten? Welch ein Geschenk ist das doch! Warum haben wir den göttlichen Funken der Musik, die eben nicht den Verstand anspricht, sondern viel mehr? Den Kosmos der Töne. Kein Wissenschaftler kann die komplexe Welt der menschlichen Gefühle vollends deuten, die Psychologen und Soziologen sind selber in ihnen gefangen, können sie nur beschreiben, aber nicht ausreichend begründen und deuten. Sie scheitern. Wie oft halten wir etwas für ein „Wunder", weil wir es uns nicht erklären können. Weil es niemand erklären kann.

Gott oder das, was wir für ihn halten, ist weniger überheblich, er ist souverän und bescheiden. ER sagt, hier mit meinen Worten: **„Ich bin Alles. Das Erste, Letzte, Endliche und Unendliche und das Ewige. Ich bin der Anfang und das Ende. Ich muss also eine Antwort verweigern, die auf das Böse oder Gute weist. Ich bin nur die Quelle, ihr seid die Zuflüsse, welche die Größe des Flusses, seine Fruchtbarkeit, seine Bewegungen, seine Schönheit einerseits oder sein Versiegen oder sein Austrocknen andererseits bestimmen. Ich konnte euch nicht mehr als einen Fingerzeig geben, wie ihn Michelangelo gemalt hat, mich Euch nur zeigen in der kurzzeitigen Gestalt meines Sohnes, Jesus Christus."**

Das menschliche Dasein ist also eine einzige gewaltige Herausforderung. Von Beginn an bis heute und auch künftig. Angesichts der Brüche, Niederlagen, Mord und Totschlag liegt es nahe, dem Fatalismus anheim zu fallen, zumal, wenn man persönlich direkt oder mittelbar von Katastrophen, Krankheiten und Kriegen betroffen ist. Aber es hat sich gezeigt, dass die Menschen immer wieder die Stärke aufbringen, aufzustehen und vorn zu beginnen bzw. weiterzumachen. Vielleicht ist es das Spannungsfeld der zwei „gottgegebenen" Pole, mit denen sich der Mensch immer und überall konfrontiert und von ihnen herausgefordert sieht. Sie ziehen sich verlässlich durch unser gesamtes Dasein.

Das ist die Geburt und der Tod, das Werden und das Vergehen. Oder Mann und Frau. Tag und Nacht. Verstand und Gefühl. Sein und Bewusstsein oder Materie und Geist. Himmel und Hölle. Und alles hängt mit allem irgendwie zusammen, wie man sagt. Nichts ist allein denkbar. Warum gibt es hell und dunkel, schön und hässlich, groß und klein – immer die beiden Seiten der januskopfigen Medaille. Es ist ein Prinzip von Ordnung, das den Menschen in dieses dualistische Spannungsfeld gesetzt hat. Mit allen seinen Zwischentönen und Schattierungen. Unser Handeln ist in diesem Spannungsfeld begrenzt, etwas Anderes liegt außerhalb dieser Pole und außerhalb unserer Vorstellungskraft. Ist der große, uns bedingende und bestimmende Dualismus nicht etwas Göttliches? Etwas Wunderbares? Und im Wunderbaren oder Wundervollen steckt eben das Wort Wunder.

Unter dem Strich scheint wohl neben dem unfassbaren Universum die Frage von Sein und Bewusstsein das größte Faszinosum überhaupt darzustellen. Das Sein kann man noch begreifen. Aber das Bewusstsein? Ist es immateriel? Unser Gehirn besteht aus Abermillionen Zellen, die existieren zweifellos. Aber wo ist da der Gedanke und was ist er? Der Geist und das Denken
sind eben überhaupt nicht fassbar, auch wenn ihn Physiker und Hirn- und Urknallforscher mit irgendwelchen Wechselwirkungen beschreiben. Neuronen, Quarks, Gluonen und Spins. Aber aus was besteht der Gedanke wirklich? Schwirrende Informationen, aber wo sind sie? „Dazwischen?" Das weiß niemand und nimmer. Hat schon einmal jemand aus diesem nichtgöttlichen, also profanen Gefunke einen einzigen echten Gedanken gelesen? Ich kann in wenigen Sekunden an meine Frau, die Sterne, ein Rumpsteak, Fußball und Gott denken. Kein Forscher wird das je erkennen. Nicht in Millionen Jahren. Er kann es bestenfalls grob ahnen, wenn überhaupt.

Ein zentraler Begriff scheint mir das Sein zu sein. Es hat drei Gegendimensionen, die alle als Pendant verstanden werden können: Das Bewusstsein, das Nichtsein und das Haben. Das Haben hat Erich Fromm mit seiner Buchfrage „Haben oder Sein" infrage gestellt, im dem er dem ständigen Besitzstreben, dem Haben wollen den Sinn der menschlichen Existenz, unseres Daseins entgegenstellte. Ein gutes Beispiel waren die Brüder Lofthouse, die Besitzer von „Fishermans Friends". Als der Nestlé-Konzern die Firma für viele Millionen Pfund Sterling kaufen wollte, lehnten sie mit den Worten ab: „Tut uns leid, wir können uns nur einmal am Tage richtig besaufen." Das verantwortungsbewusste, sittliche und soziale Denken, Fühlen, Handeln soll Priorität vor dem Raffen, dem Gewinnstreben, der Eigensucht haben. Natürlich wissend, dass auch das Haben nur eine Varietät des Seins darstellt, sein integraler Bestandteil ist. Es ist „nur“ ein inneres Pendant. Insofern sind die anderen beiden Gegenbegriffe von größerer Bedeutung, denn sie sind grundsätzlich anders, wahrhaftig konträr.

Der zweite und echte Pol zum Sein ist das Nichtsein. Es gibt ein „Etwas“ und es gibt das Nichts. Dieses Nichts hat Ludger Lütkehaus in seinem Lebenswerk „Nichts“ beschrieben, einem tiefschürfenden Plädoyer für den Nihilismus. Die asymptotisch gegen Null strebende Winzigkeit, ja Nichtigkeit alles Bestehenden. Auch und gerade von uns Menschen. Das Nichts hat einen dunklen, ja negativen Klang, negiert es doch auch alle unsere Werte, Ziele und Ideale. Darunter neben dem Guten und Konstruktiven allerdings auch das Böse und Destruktive. Hier berühren sich das Nichts und das Göttliche. Ist alles nichts? Das ist sehr schwer zu verstehen.

Der Hinwendung zum Nichts wohnt eine große Portion Fatalismus inne. „Weiß man je, wohin man geht?“ lässt Denis Diderot seinen Helden „Jacques le Fataliste“ fragen. Er fühlt sich dem Schicksal ohnmächtig ausgeliefert, Gut und Böse scheinen in keiner Weise beeinflussbar. Dafür spricht zu Beispiel, dass die gesamte Menschheit seit ihrer Entstehung zwar wissender, aber keineswegs weiser geworden ist. Die Summe alles Guten und Bösen blieb konstant. Wiedrum ein Argument für die Existenz Gottes. Gemessen an der Ewigkeit und der räumlichen (wenn auch astrophysikalisch umstrittenen) Unendlichkeit sind wir ein Nichts. Weniger als ein Staubkorn in Zeit und Raum.

Wer sich dies vergegenwärtigt, der verdrängt mit Vorsatz seine eigene Wahrnehmungsfähigkeit. Dafür gibt es angesichts der seit jeher mörderischen Welt gute Gründe. Jedes Tier hat mehr Sozialkompetenz als wir Menschen. Aber der Nihilist verzweifelt nicht, er hat den Realisten sogar etwas voraus: Er legt sich einst guten Gewissens und gelassen auf die Bahre, kann doch alles niemals noch schlimmer kommen. Ein solcher Zeitgenosse hat etwas von Jacques und Ludger, das die meisten Menschen im Augenblick des Todes sehr vermissen: Ausreichend Trost. Denn für ihn ist das Nichtsein größer und wunderbarer als das lächerliche, kümmerliche, verkommene Sein. Wir Angehörigen wollen auch nichts weniger als dem dem Nichts Geweihten Trost zu spenden. Aber das gelingt nur sehr bedingt, auch wenn es sehr wichtig erscheint. Gott ist ALLES, wir sind NICHTS. Je kleiner oder realistisch klein wir uns empfinden, desto kleiner ist auch der Verlust, wenn es uns nicht mehr gibt. Den einzelnen Menschen ebenso wie die gesamte Menschheit.

Aber da ist ja noch die dritte Pendant zum Sein, vielleicht das eigentliche, das spannendste, das bedeutendste. Das Bewusstsein, das Denken und der Geist. Ist deshalb vom Heiligen Geist die Rede? Der Tropfen Bewusstsein, der sich im Augenblick des Todes im Meer des Weltgeistes auflöst, so schrieb mein Vater einmal, gibt dem Ganzen ein wenig Sinn, ein wenig Hoffnung auf mehr als eben nichts, was da bleibt. Ist das die ausreichende Menge Trost im Dahinscheiden? Vielleicht. Unsere Kleinheit und die Größe des Höheren, das man Gott zu nennen pflegt, weil einem nichts Fassbareres einfällt, die gewaltige Distanz kann helfen, den Trostpegel zumindest solcherart anzuheben, dass wir zur friedlichen Ruhe finden.

In der Vorphase dieser Vergänglichkeit, der nahenden Endlichkeit kann es uns gelingen, angesichts der Tatsache, dass es uns Menschen überhaupt gibt, ein wenig zu lächeln. Dann haben wir schon viel erreicht. Und das ist schlussendlich viel mehr wert als das vermeintliche Wissen um den Urknall. So wertgeschätzt und begeisternd diese Forschung auch ist und sein muss. Aber der eigentliche Knall liegt in der ewigen Zweiseitigkeit unseres Daseins. In Geburt und Tod und allem Wundersamen dazwischen. Die drei großen Faszinosa sind nach menschlichem Ermessen das Universum, das Leben und das Denken. Für mich steht das Denken an erster Stelle. Nichts befriedigt mehr, nichts ist schöner, nichts ist schöpferischer, nichts ist fantastischer, nichts ist erfüllender. NICHTS.

Und was ist nun mit Gott und dem Sinn des Lebens? Wenn ich die sonntäglichen Gottesdienste im Deutschlandfunk höre, dieses starr-blinde Frömmlertum in knöchernen Lithurgien, diese dümmlichen Dogmatismen und das brave Beten in Richtung eines alten Mannes mit weißem Bart, um nach dem Kirchgang sofort wieder dazu überzugehen, den Nächsten nach den Regeln des Kapitalismus zu betrügen und zu belügen, dann wird mir schlecht. Das ist nicht mein Gott und nicht meine Kirche. Auch wenn der derzeitige Papst Franziskus ber vielleicht bisher Beste war und ist. Aber Gott? Ja und nein. Gerade weil ein schier heiliger Geist nicht fassbar und doch so wirkmächtig ist, kann ich ihn nicht vollends verleugnen. Es muss etwas Großes geben, weil wir so klein sind.

Und der Sinn? Immerhin befinde ich mich in der Kette Staub-Pflanzen-Tiere-Menschen-Staub. Wein, Weib und Gesang dort zu verorten, ist ein bisschen einfach. Aber immerhin eine Facette. Wenn der Beginn unseres Daseins - der Staub oder Dreck - das Wertvollste weil Ursprünglichste darstellt, dann ist der Beginn der Evolution der verhängnisvolle Entschluss zu ihrem Ende. Dieses zu beschleunigen, dafür tut die Menschheit alles. Wo stelle ich mich also hin? Hier Tugenden zu postulieren, wäre zwar eine nicht zu erfüllende Anmaßung, aber solche Werte können immerhin eine Richtschnur, eine Wegweisung darstellen. Nun denn, dann entscheide ich mich, wie im vorigen Buch bereits angedeutet, für Liebe, Güte und Weisheit. Als Ziele, hierbei keine allzu schlechte Figur abzugeben. „Glaube, Liebe, Hoffnung" ist mir zu einfältig und zu wenig.

Eine winzige Spur zu hinterlassen, auch wenn sie einst vom Staub der Geschichte verweht werden wird, kann nicht der schlechteste Ansatz sein. Es ist immer ein wenig Elfenbeinturm und Potemkinsches Dorf. Aber es ist trotzdem der Mühen wert. Auch deshalb dieses Buch.

36. MEINE FAVORITEN

Die folgende, ungeordnete Liste ist subjektiv. Sehr persönlich. Und vor allem streitbar. Es gibt vielleicht schönere Brücken, wichtigere Bücher (z. B. Shakespeare) und interessantere Städte etc. Meine Favoriten sollen nur eine Anregung darstellen, sich selbst solch eine eigene, individuelle Liste zu erstellen oder diese hier zu ergänzen. Das macht Spaß, gibt Orientierung, erweitert den Geschmack und das Urteilsvermögen. Und sie ist nicht zuletzt eine unterhaltsame Gesprächsgrundlage.

Die 12 schönsten Städte

Tangermünde
Siena
Dresden
Florenz
San Francisco
Istanbul
Quedlinburg
Prag
Wien
Petersburg
Brügge
Colmar

Die 12 besten Bücher

Gedichte / Christian Morgenstern
Sterntagebücher / Stanislaw Lem
Das Bildnis des Dorian Gray / Oscar Wilde
Bekenntnisse / Jean-Jaques Rousseau
Faust / Johann Wolfgang Goethe
Gesammelte Werke / Wolfgang Borchert
Gegen den Strich / Joris-Karl Huysmans
Quo Vadis / Henryk Sienkiewicz
Wer einmal aus dem Blechnapf frisst / Hans Fallada
Das Glasperlenspiel / Hermann Hesse
Stalingrad / Theodor Plevier
Effi Briest / Theodor Fontane

Die 12 schönsten Bäume

Erle
Weymouthskiefer
Eiche
Platane
Sumpfzypresse
Hängebirke
Eberesche
Blutbuche
Schwarzkiefer
Trauerweide
Rote Kastanie
Zeder

Die 12 größten Jazzmusiker

Lionel Hampton
Coleman Hawkins
Charlie Parker
Ornette Coleman
Ella Fitzgerald
Robert Johnson
Count Basie
Duke Ellington
Dizzy Gillespie
Thelonious Monk
Django Reinhardt
Peter Brötzmann

Die 12 besten Kunstmaler

Michelangelo Buonarroti
Leonardo da Vinci
Sandro Botticelli
Jan Vermeer van Delft
Frans Hals
Pieter Brueghel
Rembrandt van Rhin
Auguste Rodin
Auguste Renoir
Anselm Kiefer

Max Klinger
Werner Tübke

Die 12 besten Speisen

Saigonröllchen in Nuoc Mam und Reis
Szegediner Gulasch und Salzkartoffeln
Wiener Fleischstrudelsuppe
Korsisches Kaninchen mit Butterbohnen
Hase in saurer Sahne mit püriertem Grünkohl
Karpfen gebacken mit Butterkohlrabi
Gebratene Grüne Heringe mit Bratkartoffeln
Wiener Schnitzel mit Rosenkohl
Gefüllte Paprikaschoten mit Reis
Deftige Kohlrübensuppe mit Kümmel
Ente in Thaicurry und Reis
Quarkkeulchen

Die 12 besten Bands/Songwriter

The Beatles
The Rolling Stones
Randy Newman
Chicago
Jimi Hendrix
Crosby, Stills, Nash (& Young)
Bob Dylan
The Dixie Chicks
Joni Mitchell
Johnny Cash
Frank Zappa and the mothers of invention
Klaus Lenz Big Band

Die 12 größten klassischen Komponisten

Johann Sebastian Bach
Georg Friedrich Händel
Richard Wagner
Jean Sibelius
Modest Mussorgski
Antonio Vivaldi
George Gershwin

Ludwig van Beethoven
Georg Friedrich Telemann
Wolfgang Amadeus Mozart
Pjotr Tschaikowski
Sergej Prokofjew

Die 12 besten Speisepilze

Steinpilz
Pfifferling
Schopftintling
Parasol
Speisemorchel
Krause Glucke
Mouseron
Echter Reizker
Waldchampignon
Maronenpilz
Perlpilz
Rotkappe

Die 12 interessantesten Weltregionen

Myanmar Kambodscha Laos Thailand Vietnam Malaysia
Butan Nepal Kirgisistan Tadschikistan Usbekistan Kasachstan
Belutschistan
Iran Pakistan Indien Bangladesh
Norwegen Schottland Island Färöer
Kanada USA
Venezuela Mexiko Peru Chile Uruguay Paraguay
Portugal Italien Griechenland Türkei
Madagaskar Südafrika Namibia
China Mongolei
Indonesien und Phillipinen
Österreich Tschechien Ungarn Slowenien Slowakei Moldavien
Ägypten Israel Palästina Jordanien Syrien Irak Jemen

Die 12 schönsten Kathedralen

Köln
Magdeburg
Reims

Chartres
Florenz
Siena
Wien
Rom
Petersburg
Moskau
Sevilla
Amiens

Die 12 bedeutendsten Kunstmuseen / Kombinationen

Louvre Paris + Museé d` Orsay Paris + Museé de L´Orangerie
National Gallery London + Tate London
Ermitage Petersburg + Tretjakow Moskau
Uffizien Florenz + Palazzo Pitti
Prado Madrid
Metropolitan Museum + MoMA New York
Kunsthistorisches Museum + Albertina Wien
Dresdner Gemäldegalerie + Albertinum
Alte und Neue Nationalgalerie + Berliner Gemäldegalerie
Alte und Neue Pinakothek München
Rijksmuseum Amsterdam + Van-Gogh-Museum + Van Gogh Museum Otterlo
Walraff-Richartz-Museum + Ludwig Museum Köln

Die 12 besten alten Kinderspiele

Hinkelschnecke
Völkerball
Klipp Klapp
Murmeln
Fischer, wie tief ist das Wasser
Klimpern
Topfschlagen / Blinde Kuh
Räuber und Gendarmen / Cowboy und Indianer
Verstecken
Ich sehe was, was du nicht siehst
Schnipseljagd
Seilspringen / Gummitwist

Die 12 schönsten einheimischen Vögel

Buchfink
Pirol
Kiebitz
Bienenfresser
Rotkehlchen
Hausrotschwanz
Schwarzspecht
Stieglitz
Eichelhäher
Auerhahn
Schwarzstorch
Fasan

Die 12 am wenigsten überzeugenden deutschen Politiker

Höcke
Faeser
Lindner
Heil
Roth
Müller
Scholz
Klingbeil
Strack-Zimmermann
Giffey
Lauterbach
Merz

Die 12 schönsten Farben
Graublau
Azurblau
Königsblau
Taubblau
Ultramarinblau
Babyblau
Türkisblau
Aquamarinblau
Lapislazuliblau
Cyanblau

Indigoblau
Braunorange

Die 12 schönsten Mineralien

Amethyst
Achat
Citrin
Bergkristall
Turmalin
Pyrit
Kupferkies
Doppelspat
Fluorit
Amazonit
Malachit
Pyknit

Die 12 genialsten Skulpturen

Die Venus von Milet - Griechenland
„Pieta" von Michelangelo - Italien
„Heilige Magdalena, von Engeln erhoben" von Tilman Riemenschneider - Deutschland
„Der Kuss" von Auguste Rodin - Frankreich
Pharaonin Hatschepsut - altes Ägypten
Die Krieger der Terrakotta-Armee, Xian – China
Prinzessinnen Luise und Friederike von Johann Gottfried Schadow – Deutschland
Büste einer jungen Frau, Beninbronze – Nigeria
Stahlarbeiter von Constantin Meunier – Belgien
Büste der Nofretete – altes Ägypten
Römischer Pferdekopf, Hessen – Deutschland
Mahnmal 1. Weltkrieg von Ernst Barlach, Magdeburg - Deutschland

Die 12 besten Früchte

Hauspflaume
Grafensteiner Apfel
Gute Graue Birne
Walderdbeere

Wallnuss
Schwarze Johannisbeere
Maulbeere
Quitte
Heidelbeere
Brombeere
Himbeere
Herzkirsche

Die 12 schönsten Brücken

Die Fußgängerbrücke an der Pareyer Schleuse
Die Golden-Gate-Bridge in San Francisco
Die Genueser Steinbrücke über den Figarella auf Korsika
Die Karlsbrücke in Prag
Die Fußgängerbrücke zum Herrenkrugpark in Magdeburg
Die Neva-Brücke in St. Petersburg
Die Brücke über den Mississippi in Memphis/Tennessee
Die große Hängebrücke von Lissabon
Die Brücke zwischen Europa und Asien in Istanbul
Die Regensburger Donaubrücke
Die Pont Alexandre III über die Seine in Paris
Die Ponte Vecchio über den Arno in Florenz

Die 12 schönsten Gesteine

Es gibt magmative, sedimentive, metamorphe (Tiefen-) und gemischte Gesteine.

Travertin/Muschelkalk, verbaut im Olympiastadion oder Schönebecker Marktbrunnen
Volterra-Marmor, z. B. apricotfarben
Gipsvarietäten, darunter Fasergips, Marienglas, Alabaster und Rügenkreide
Buntsandstein
Steinsalz (weiß, blau, orange)
Quarzporphyr
Granit
Grünschiefer
Basalt
Dolomit
Konglomerat als „verkittete“ runde Gesteinspartikel

Brekzie als „verkittete“ eckige Gesteinspartikel

Die 12 schönsten Refugien

Der stille alte Eichentisch am Elbe-„Baggasee“ jenseits der Pareyer Schleuse Richtung Derben
Die wüstenhaften Dünen bei Leba an der kaschubischen Ostseeküste
Die Baumschaukel des Plotoschen Schlosses von Elisabeth von Ardenne („Effi Briest“) in Zerben
Das Elbufer bei Sandfurth, wo ich 1975 eine Wasserfahrt mit dem Schützenpanzer durchführte
Das einsame Felsplateau mit seinen surrealen natürlichen Steinskulpturen südlich Calvi/Korsika
Die Ammonitenküste von Lyme Regis in Dorset/England (Jurassic Coast)
Die fast unzugängliche Geröllküste zwischen Mukran und Sassnitz
Die Ruinen der griechisch-antiken Stadt Priene hinter Söke östlich der Westküste der Türkei
Der einfache Saloon gegenüber der alten Bank im Dorf Tioga in Texas/USA (unweit Oklahoma)
Das einsame Forsthaus auf der Geltinger Birk in Schleswig-Holstein
Das Rote Ufer der Mulde unweit des Alaunwerks in Bad Düben
Der alte Steinbruch Hoppenstedt am Adonisweg unweit Osterwieck nördlich des Harzes

Die 12 wichtigsten Tugenden

Güte
Liebe
Weisheit
Humor
Sanftmut
Redlichkeit
Empathie
Großzügigkeit
Gelassenheit
Mitfreude
Tapferkeit
Begeisterungsfähigkeit

Die 12 feinsten Möglichkeiten, am klaren Verstand eines Menschen zu zweifeln

Tickst Du noch ganz richtig?
Hast Du noch alle Latten am Zaun?
Ziehst Du Dir die Hosen mit der Kneifzange an?
Hast Du ein Rad ab?
Singst Du neben der Kirche?
Hast Du einen an der Waffel?
Hast Du nicht alle auf dem Sender?
Bist Du mit dem Klammerbeutel gepudert?
Haus Du noch alle Tassen im Schrank?
Hast Du einen Sprung in der Schüssel?
Hast Du Sand im Getriebe?
Hast Du einen Knick in der Perestaltik?

Die 12 Domglocken von Magdeburg

Orate - „Lasst uns beten" - Gewicht 200 kg, Guss im 13. Jahrhundert, Schlagton e``+ 1
Dominica - „Lasst uns hinschauen" - 2632 kg, 1575, h° + 8
Apostolica - „Lasst uns vergeben" - 4980 kg, 1690, b° + 6
Osanna - „Lasst uns loben" - 8800 kg, 1702, e° + 8
Amemus - „Lasst uns lieben" - 6522 kg, 2022, g° + 9
Benedicamus - „Lasst uns segnen" - 1280 kg, 2022, e° + 8
Cantemus - „Lasst uns singen" - 1720 kg, 2023, d`+ 8
Queramur - „Lasst uns klagen" - 892 kg, 2023, fis`+ 8
Speremus - „Lasst uns hoffen" - 469 kg, 2023, h`+ 11
Resistamus - „Lasst uns widerstehen" - 580 kg, 2023, a`+ 10
Dubitemus - „Lasst uns zweifeln" - 761 kg, 2023, g`+ 10
Credamus - „Lasst uns glauben" - 14000 kg, geplant 2025, d° + 6

Quelle: Domglocken Magdeburg e.V.

Die 12 schönsten Tiere

Gottesanbeterin
Hammerhai
Schimmel
Chamäleon
Flughund

Tagpfauenauge
Elch
Blauwal
Giraffe
Eichhörnchen
Luchs
Spiegeleiqualle

Die 12 interessantesten Instrumente

Schukeorgel
Spinett
Glasstabspiel
Marimbaphon
Sopransaxophon
Flügelhorn
Knochenflöte
Sitar
Baritonsaxophon
Fagott
Susaphon
Harfe

Die 12 besten Gewürze

Pfeffer und Salz
Paprika (scharf, edelsüß)
Curry
Liebstöckel
Kümmel
Majoran
Dill
Piment
Muskatnuss
Lorbeer
Thymian
Zimt

Die 12 schurkigsten Wirtschaftszweige

Die Banken und Finanzinstitute
Die Mineralölindustrie

Die Pharmaindustrie
Die Versicherungen
Die Chemische Industrie
Der Großhandel
Die Lebensmittelkonzerne
Die Immobilienbranche
Die Textilindustrie
Die großen Straßenbaukonzerne
Die Großreedereien
Der Kunsthandel

Die 12 Dörfer am Ende der Welt

Irgendwie erinnert mich die folgende Aufzählung an die unvergessene Rockband Dave Dee, Dozy, Beaky, Mick & Tich

Buko
Buro
Griebo
Gommlo
Külso
Lietzo
Luko
Luso
Meuro
Natho
Serno
Zieko

37. Neues Alphabet

A - Aschenkübel

B - Bollerwagen

C - Cinderella

D - Donnerlittchen

E - Eigenbrötler

F - Flitzpiepe

G - Grantelbart

H - Hollerbusch

I - Irrlicht

J - Jahresendflügelfigur

K - Kinkerlitzchen

L - Leckermäulchen

M - Mumpitz

N - Nappsülze

O - Ochsenschwanzsuppe

P - Pumpernickel

Q - Quasselstrippe

R - Ratzefummel

S - Stinkbumforzelorum

T - Torfrock

U - Ukulele

V - Vollpfosten

W - Wonneproppen

X - XXXL

Y - Yellow Submarine

Z - Zickenalarm

Der Autor mit seiner Frau Beate 2013 vor dem Sun Studio in Memphis/Tennessee, wo Elvis Presley, Chuck Berry, Johnny Cash und viele andere ihre ersten Platten aufnahmen. Wir danken Charles und Joni Walpole aus Farmers Branch/Texas.